Da história de uma neurose infantil

[O Homem dos Lobos]

Livros de Freud publicados pela **L&PM** EDITORES

Além do princípio de prazer
Compêndio da psicanálise
Da história de uma neurose infantil [O Homem dos Lobos]
Inibição, sintoma e medo
A interpretação dos sonhos
O futuro de uma ilusão
O homem Moisés e a religião monoteísta
O mal-estar na cultura
Psicologia das massas e análise do eu
Sobre a psicopatologia da vida cotidiana
Totem e tabu

Série Ouro:

A interpretação dos sonhos

Livros relacionados

Freud – Chantal Talagrand e René Major
  (**L&PM** POCKET Biografias)

A interpretação dos sonhos (MANGÁ)

Sigmund Freud – Paulo Endo e Edson Sousa
  (**L&PM** POCKET **ENCYCLOPAEDIA**)

SIGMUND FREUD

Da história de uma neurose infantil

[O Homem dos Lobos]

Tradução do alemão de Renato Zwick
Revisão técnica e prefácio de Noemi Moritz Kon
Ensaio biobibliográfico de Paulo Endo e Edson Sousa

L&PM EDITORES

Texto de acordo com a nova ortografia.
Título original: *Aus der Geschichte einer infantilen Neurose* [*Der Wolfsmann*]

Tradução: Renato Zwick
Tradução baseada no vol. 8 da *Freud-Studienausgabe*, 12. ed. corrigida, Frankfurt am Main, Fischer, 2007, p. 129-231
Revisão técnica e prefácio: Noemi Moritz Kon
Ensaio biobibliográfico: Paulo Endo e Edson Sousa

Capa: Ivan Pinheiro Machado sobre foto de Sigmund Freud
Revisão: Patrícia Yurgel

CIP-Brasil. Catalogação na fonte
Sindicato Nacional dos Editores de livros, RJ

F942d

Freud, Sigmund, 1856-1939
  Da história de uma neurose infantil [O Homem dos Lobos] / Sigmund Freud; tradução Renato Zwick; revisão técnica e prefácio de Noemi Moritz Kon; ensaio biobibliográfico de Paulo Endo, Edson Sousa. – 1. ed. – Porto Alegre, RS: L&PM, 2018.
  192 p. ; 21 cm.

  Tradução de: *Aus der Geschichte einer infantilen Neurose* [*Der Wolfsmann*]
  ISBN 978-85-254-3702-0

  1. Psicanálise. 2. Psicoterapia infantil. 3. Neuroses em crianças - Tratamento. I. Zwick, Renato. II. Kon, Noemi Moritz. III. Endo, Paulo. IV. Sousa, Edson. V. Título.

17-45378   CDD: 150.1952
                   CDU: 159.964.2

© da tradução, ensaios e notas, L&PM Editores, 2017

Todos os direitos desta edição reservados a L&PM Editores
Rua Comendador Coruja, 314, loja 9 – Floresta – 90.220-180
Porto Alegre – RS – Brasil / Fone: 51.3225.5777
Pedidos & Depto. comercial: vendas@lpm.com.br
Fale conosco: info@lpm.com.br
www.lpm.com.br

Impresso no Brasil
Verão de 2018

Sumário

Itinerário para uma leitura de Freud
Paulo Endo e Edson Sousa 7

Prefácio
Clínica freudiana como descoberta e criação
Noemi Moritz Kon 17

DA HISTÓRIA DE UMA NEUROSE INFANTIL [O HOMEM DOS LOBOS]

I – Observações preliminares 39

II – Visão geral do meio e do histórico clínico 47

III – A sedução e suas consequências imediatas 55

IV – O sonho e a cena primordial 69

V – Algumas discussões 93

VI – A neurose obsessiva 109

VII – Erotismo anal e complexo de castração 123

VIII – Complementos da época primordial – Solução .. 145

IX – Recapitulações e problemas 165

Bibliografia 187

Colaboradores desta edição 190

Itinerário para uma leitura de Freud

Paulo Endo e Edson Sousa

Freud não é apenas o pai da psicanálise, mas o fundador de uma forma muito particular e inédita de produzir ciência e conhecimento. Ele reinventou o que se sabia sobre a alma humana (a psique), instaurando uma ruptura com toda a tradição do pensamento ocidental, a partir de uma obra em que o pensamento racional, consciente e cartesiano perde seu lugar exclusivo e egrégio. Seus estudos sobre a vida inconsciente, realizados ao longo de toda a sua vasta obra, são hoje referência obrigatória para a ciência e para a filosofia contemporâneas. Sua influência no pensamento ocidental é não só inconteste como não cessa de ampliar seu alcance, dialogando com e influenciando as mais variadas áreas do saber, como a filosofia, as artes, a literatura, a teoria política e as neurociências.

Sigmund Freud (1856-1939) nasceu em Freiberg (atual Příbor), na região da Morávia, hoje parte da República Tcheca, mas àquela época parte do Império Austríaco. Filho de Jacob Freud e de sua terceira esposa, Amália Freud, teve nove irmãos – dois do primeiro casamento do pai e sete do casamento entre seu pai e sua mãe. Sigmund era o filho mais velho de oito irmãos e era sabidamente adorado pela mãe, que o chamava de "meu Sigi de ouro".

Em 1860, Jacob Freud, comerciante de lãs, mudou-se com a família para Viena, cidade onde Sigmund Freud residiria até quase o fim da vida, quando teria de se exilar em

Londres, fugindo da perseguição nazista. De família pobre, formou-se em medicina em 1882. Devido a sua precária situação financeira, decidiu ingressar imediatamente na clínica médica em vez de se dedicar à pesquisa, uma de suas grandes paixões. À medida que se estabelecia como médico, pôde pensar em propor casamento para Martha Bernays. Casaram-se em 1886 e tiveram seis filhos: Mathilde, Martin, Oliver, Ernst, Sophie e Anna.

Embora o pai tenha lhe transmitido os valores do judaísmo, Freud nunca seguiu as tradições e os costumes religiosos; ao mesmo tempo, nunca deixou de se considerar um judeu. Em algumas ocasiões, atribuiu à sua origem judaica o fato de resistir aos inúmeros ataques que a psicanálise sofreu desde o início (Freud aproximava a hostilidade sofrida pelo povo judeu ao longo da história às críticas virulentas e repetidas que a clínica e a teoria psicanalíticas receberam). A psicanálise surgiu afirmando que o inconsciente e a sexualidade eram campos inexplorados da alma humana, na qual repousava todo um potencial para uma ciência ainda adormecida. Freud assumia, assim, seu propósito de remar contra a maré.

Médico neurologista de formação, foi contra a própria medicina que Freud produziu sua primeira ruptura epistêmica. Isto é: logo percebeu que as pacientes histéricas, afligidas por sintomas físicos sem causa aparente, eram, não raro, tratadas com indiferença médica e negligência no ambiente hospitalar. A histeria pedia, portanto, uma nova inteligibilidade, uma nova ciência.

A característica, muitas vezes espetacular, da sintomatologia das pacientes histéricas de um lado e, de outro, a impotência do saber médico diante desse fenômeno impressionaram o jovem neurologista. Doentes que apresentavam paralisia de membros, mutismo, dores, angústia, convulsões, contraturas, cegueira etc. desafiavam a racionalidade médica, que não encontrava qualquer explicação plausível para tais sintomas e sofrimentos. Freud então se debruçou sobre essas pacientes; porém, desde o princípio buscava as raízes psíquicas do sofrimento histérico e não a explicação neurofisiológica de tal sintomatologia. Procurava dar voz a tais pacientes e ouvir o que tinham a dizer, fazendo uso, no início, da hipnose como técnica de cura.

Em 1895, é publicado o artigo inaugural da psicanálise: *Estudos sobre a histeria*. O texto foi escrito com o médico Josef Breuer (1842-1925), o primeiro parceiro de pesquisa de Freud. Médico vienense respeitado e erudito, Breuer reconhecera em Freud um jovem brilhante e o ajudou durante anos, entre 1882 e 1885, inclusive financeiramente. *Estudos sobre a histeria* é o único material que escreveram juntos e já evidencia o distanciamento intelectual entre ambos. Enquanto Breuer permanecia convicto de que a neurofisiologia daria sustentação ao que ele e Freud já haviam observado na clínica da histeria, Freud, de outro modo, já estava claramente interessado na raiz sexual das psiconeuroses – caminho que perseguiu a partir do método clínico ao reconhecer em todo sintoma psíquico uma espécie de hieróglifo. Escreveu certa vez: "O paciente tem sempre razão. A doença não deve ser para ele um objeto de desprezo, mas, ao contrário, um adversário respeitável, uma parte do seu ser que tem boas razões de existir e que lhe deve permitir obter ensinamentos preciosos para o futuro".

Em 1899, Freud estava às voltas com os fundamentos da clínica e da teoria psicanalíticas. Não era suficiente postular a existência do inconsciente, uma vez que muitos outros antes dele já haviam se referido a esse aspecto desconhecido e pouco frequentado do psiquismo humano. Tratava-se de explicar seu dinamismo e estabelecer as bases de uma clínica que tivesse o inconsciente como núcleo. Há o inconsciente, mas como ter acesso a ele?

Foi nesse mesmo ano que Freud finalizou aquele que é, para muitos, o texto mais importante da história da psicanálise: *A interpretação dos sonhos*. A edição, porém, trazia a data de 1900. Sua ambição e intenção ao usar como data de publicação o ano seguinte era de que esse trabalho figurasse como um dos mais importantes do século XX. De fato, *A interpretação dos sonhos* é hoje um dos mais relevantes textos escritos no referido século, ao lado de *A ética protestante e o "espírito" do capitalismo*, de Max Weber, *Tractatus Logico-Philosophicus*, de Ludwig Wittgenstein, e *Origens do totalitarismo*, de Hannah Arendt.

Nesse texto, Freud propõe uma teoria inovadora do aparelho psíquico, bem como os fundamentos da clínica psicanalítica, única capaz de revelar as formações, tramas e expressões do inconsciente, além da sintomatologia e do sofrimento que correspondem a essas dinâmicas. *A interpretação dos sonhos* revela, portanto, uma investigação extensa e absolutamente inédita sobre o inconsciente. Tudo isso a partir da análise e do estudo dos sonhos, a manifestação psíquica inconsciente por excelência. Porém, seria preciso aguardar um trabalho posterior para que fosse abordado o papel central da sexualidade na formação dos sintomas neuróticos.

Foi um desdobramento necessário e natural para Freud a publicação, em 1905, de *Três ensaios sobre a teoria da sexualidade*. A apresentação plena das suas hipóteses fundamentais sobre o papel da sexualidade na gênese da neurose (já noticiadas nos *Estudos sobre a histeria*) pôde, enfim, vir à luz, com todo o vigor do pensamento freudiano e livre das amarras de sua herança médica e da aliança com Breuer.

A verdadeira descoberta de um método de trabalho capaz de expor o inconsciente, reconhecendo suas determinações e interferindo em seus efeitos, deu-se com o surgimento da clínica psicanalítica. Antes disso, a nascente psicologia experimental alemã, capitaneada por Wilhelm Wundt (1832-1920), esmerava-se em aprofundar exercícios de autoconhecimento e autorreflexão psicológicos denominados de introspeccionismo.

A pergunta óbvia elaborada pela psicanálise era: como podia a autoinvestigação esclarecer algo sobre o psiquismo profundo tendo sido o próprio psiquismo o que ocultou do sujeito suas dores e sofrimentos? Por isso a clínica psicanalítica propõe-se como uma fala do sujeito endereçada à escuta de um outro (o psicanalista).

A partir de 1905, a clínica psicanalítica se consolidou rapidamente e se tornou conhecida em diversos países, despertando o interesse e a necessidade de traduzir os textos de Freud para outras línguas. Em 1910, a psicanálise já ultrapassara as fronteiras da Europa e começava a chegar a países distantes como Estados Unidos, Argentina e Brasil. Discípulos de outras partes do mundo se aproximavam da obra freudiana e do movimento psicanalítico.

Desde muito cedo, Freud e alguns de seus seguidores reconheceram que a teoria psicanalítica tinha um alcance capaz de iluminar dilemas de outras áreas do conhecimento além daqueles observados na clínica. Um dos primeiros textos fundamentais nesta direção foi *Totem e tabu: algumas correspondências entre a vida psíquica dos selvagens e a dos neuróticos*, de 1913. Freud afirmou que *Totem e tabu* era, ao lado de *A interpretação dos sonhos*, um dos textos mais importantes de sua obra e o considerou uma contribuição para o que ele chamou de psicologia dos povos. De fato, nos grandes textos sociais e políticos de Freud há indicações explícitas a *Totem e tabu* como sendo o ponto de partida e fundamento de suas teses. É o caso de *Psicologia das massas e análise do eu* (1921), *O futuro de uma ilusão* (1927), *O mal-estar na cultura* (1930) e *O homem Moisés e a religião monoteísta* (1939).

O período em que Freud escreveu *Totem e tabu* foi especialmente conturbado, sobretudo porque estava sendo gestada a Primeira Guerra Mundial, que eclodiria em 1914 e duraria até 1918. Esse episódio histórico foi devastador para Freud e o movimento psicanalítico, esvaziando as fileiras dos pacientes que procuravam a psicanálise e as dos próprios psicanalistas. Importantes discípulos freudianos, como Karl Abraham e Sándor Ferenczi, foram convocados para o front, e a atividade clínica de Freud foi praticamente paralisada, o que gerou dissabores extremos à sua família devido à falta de recursos financeiros. Foi nesse período que Freud escreveu alguns dos textos mais importantes do que se costuma chamar a primeira fase da psicanálise (1895-1914). Esses trabalhos foram por ele intitulados de "textos sobre a metapsicologia", ou textos sobre a teoria psicanalítica.

Tais artigos, inicialmente previstos para perfazerem um conjunto de doze, eram parte de um projeto que deveria sintetizar as principais posições teóricas da ciência psicanalítica até então. Em apenas seis semanas, Freud escreveu os cinco artigos que hoje conhecemos como uma espécie de apanhado denso, inovador e consistente de metapsicologia. São eles: "Pulsões e destinos da pulsão", "O inconsciente", "O recalque", "Luto e melancolia" e "Complemento metapsicológico à doutrina dos sonhos". O artigo "Para introduzir o narcisismo", escrito em 1914, junta-se também a esse grupo de textos. Dos doze artigos previstos, cinco não foram publicados, apesar de Freud tê-los concluído: ao que tudo indica, ele os destruiu. (Em 1983, a psicanalista e pesquisadora Ilse Grubrich-Smitis encontrou um manuscrito de Freud, com um bilhete anexado ao discípulo e amigo Sándor Ferenczi, em que identificava "Visão geral das neuroses de transferência" como o 12º ensaio da série sobre metapsicologia. O artigo foi publicado em 1985 e é o sétimo e último texto de Freud sobre metapsicologia que chegou até nós.)

Após o final da Primeira Guerra e alguns anos depois de ter se esmerado em reapresentar a psicanálise em seus fundamentos, Freud publica, em 1920, um artigo avassalador intitulado *Além do princípio de prazer*. Texto revolucionário, admirável e ao mesmo tempo mal aceito e mal digerido até hoje por muitos psicanalistas, desconfortáveis com a proposição de uma pulsão (ou impulso, conforme se preferiu na presente tradução) de morte autônoma e independente das pulsões de vida. Nesse artigo, Freud refaz os alicerces da teoria psicanalítica ao propor novos fundamentos para a teoria das pulsões. A primeira teoria das pulsões apresentava duas energias psíquicas como sendo a base da dinâmica do psiquismo: as pulsões do eu e as pulsões de objeto. As pulsões do eu ocupam-se em dar ao eu proteção, guarida e satisfação das necessidades elementares (fome, sede, sobrevivência, proteção contra intempéries etc.), e as pulsões de objeto buscam a associação erótica e sexual com outrem.

Já em *Além do princípio de prazer*, Freud avança no estudo dos movimentos psíquicos das pulsões. Mobilizado pelo tratamento dos neuróticos de guerra que povoavam as cidades europeias e por alguns de seus discípulos que, convocados, atenderam psicanaliticamente nas frentes de batalha, Freud reencontrou o estímulo para repensar a própria natureza da repetição do sintoma neurótico em sua articulação com o trauma.

Surge o conceito de pulsão de morte: uma energia que ataca o psiquismo e pode paralisar o trabalho do eu, mobilizando-o em direção ao desejo de não mais desejar, que resultaria na morte psíquica. É provavelmente a primeira vez em que se postula no psiquismo uma tendência e uma força capazes de provocar a paralisia, a dor e a destruição.

Uma das principais consequências dessa reviravolta é a segunda teoria pulsional, que pode ser reencontrada na nova teoria do aparelho psíquico, conhecida como segunda tópica, ou segunda teoria do aparelho psíquico (que se dividiria em ego, id e superego, ou eu, isso e supereu), apresentada no texto *O eu e o id*, publicado em 1923. Freud propõe uma instância psíquica denominada supereu. Essa instância, ao mesmo tempo em que possibilita uma aliança psíquica com a cultura, a civilização, os pactos sociais, as leis e as regras, é também responsável pela culpa, pelas frustrações e pelas exigências que o sujeito impõe a si mesmo, muitas delas inalcançáveis. Daí o mal-estar que acompanha todo sujeito e que não pode ser inteiramente superado.

Em 1938, foi redigido o texto *Compêndio da psicanálise*, que seria publicado postumamente em 1940. Freud pretendia escrever uma grande síntese de sua doutrina, mas faleceu no exílio londrino em setembro de 1939, após a deflagração da Segunda Guerra Mundial, antes de terminá-la. O *Compêndio* permanece, então, como uma espécie de inacabado testamento teórico freudiano, indicando a incompletude da própria teoria psicanalítica que, desde então, segue se modificando, se refazendo e se aprofundando.

É curioso que o último grande texto de Freud, publicado em 1939, tenha sido *O homem Moisés e a religião monoteísta*, trabalho potente e fundador que reexamina teses historiográficas basilares da cultura judaica e da religião monoteísta a partir do arsenal psicanalítico. Essa obra mereceu comentários de grandes pensadores contemporâneos como Josef Yerushalmi, Edward Said e Jacques Derrida, que continuaram a enriquecê-la, desvelando não só a herança judaica muito particular de Freud, por ele afirmada e ao mesmo tempo combatida, mas também o alcance da psicanálise no debate sobre os fundamentos da historiografia do judaísmo, determinante da constituição identitária de pessoas, povos e nações.

Esta breve anotação introdutória é certamente insuficiente, pois muito ainda se poderia falar de Freud. Contudo, esperamos haver, ao menos, despertado a curiosidade no leitor, que passará a ter em mãos, com esta coleção, uma nova e instigante série de textos de Freud, com tradução direta do alemão e revisão técnica de destacados psicanalistas e estudiosos da psicanálise no Brasil.

Ao leitor, só nos resta desejar boa e transformadora viagem.

Prefácio
Clínica freudiana como descoberta e criação
Noemi Moritz Kon

As grandes narrativas clínicas de Freud

Dentre os casos clínicos apresentados por Freud ao longo de toda sua obra, cinco narrativas foram objeto de uma análise mais aprofundada e tiveram a função principal de demonstrar à comunidade científica a validade e as vantagens da utilização de seu método investigativo e psicoterapêutico, configurado e estabelecido, então, como teoria psicológica e psicopatológica do humano. São elas: *Fragmento da análise de um caso de histeria* [*O caso Dora*] (1905), *Análise de uma fobia em um menino de cinco anos* [*O Pequeno Hans*] (1909), *Notas sobre um caso de neurose obsessiva* [*O Homem dos Ratos*] (1909), *Observações psicanalíticas sobre um caso de paranoia (dementia paranoides) descrito autobiograficamente* [*O caso Schreber*] (1911) e, por fim, o fascinante relato cuja tradução o leitor tem em mãos, *Da história de uma neurose infantil* [*O Homem dos Lobos*] (1918).[1]

---

1. São muitas as descrições clínicas apresentadas por Freud ao longo de sua obra. Já em *Projeto para uma psicologia científica* (1950, escrito em 1895) temos a apresentação, ainda que sucinta, do caso de Emma; *Estudos sobre a histeria* (1893-1899) traz, ao lado do historial clínico de Anna O., escrito por J. Breuer, a história de quatro grandes casos – sra. Emmy von N., srta. Lucy R., Katharina e srta. Elisabeth von R. –, além de três pequenos historiais – srta. Mathilde H., srta. Rosalia H. e sra. Cäcilie M.; são várias as vinhetas que comparecem em *A interpretação dos sonhos* (1899); também "Um caso de paranoia que contraria a teoria psicanalítica da doença" (1915) (continua)

Mais do que apenas um método original de investigação e de tratamento, o projeto inaugural de Freud cria um novo homem com uma nova inteligibilidade: o "homem psicanalítico", dotado de um aparelho psíquico inédito, composto por diferentes instâncias que operam cada qual segundo seus próprios princípios de funcionamento. Dividido entre a razão e o não saber, feito de palavras e intensidades que agitam um corpo simbólico e erógeno, este homem, movido por paixões e conflitos, não é senhor em seu castelo.[2] É o funcionamento desse "homem psicanalítico" – em sua arquitetura, dinâmica e economia – que Freud procura materializar por meio das narrativas de seus casos clínicos.

Dessas cinco grandes narrativas, duas foram acompanhadas apenas indiretamente por Freud: o menino Hans foi analisado pelo pai, Max Graf – musicólogo, participante regular das reuniões da Sociedade Psicológica das

---

(cont.) e "A psicogênese de um caso de homossexualismo numa mulher" (1920) trazem aspectos relevantes da clínica de Freud; *Delírios e sonhos na "Gradiva" de Jensen* (1907), *Leonardo da Vinci e uma lembrança de sua infância* (1910), "Moisés de Michelangelo" (1914), "Uma lembrança infantil de 'poesia e verdade' de Goethe (1917) e "Dostoiévski e o parricídio"(1928) são exercícios de psicanálise aplicada, nos quais Freud busca compreender a importância de experiências da infância de artistas para a futura criação de suas obras. "O homem Moisés e a religião monoteísta" (1939) é um exercício clínico sobre a suposta biografia de Moisés, a partir da qual Freud procura explicitar sua concepção da criação do monoteísmo.
2. Sigmund Freud. "Uma dificuldade no caminho da psicanálise" (1917). In: Edição standard brasileira das obras psicológicas completas de Sigmund Freud. Vol. XVII. Trad. Christiano Monteiro Oiticica e Vera Monteiro. Rio de Janeiro: Imago, 1976, p.178.

PREFÁCIO: CLÍNICA FREUDIANA COMO DESCOBERTA E CRIAÇÃO

Quartas-Feiras[3] –, sob a supervisão constante de Freud; e a narrativa clínica escrita a partir da autobiografia de Daniel Paul Schreber, *Memórias de um doente dos nervos*[4] (1903), é, à diferença das demais, uma interpretação de Freud do pormenorizado relato dos delírios desse homem que se sentia perseguido por Deus e por seus representantes terrenos. Os outros três casos expõem minuciosamente o corpo a corpo da experiência clínica de Freud partilhada com Dora (Ida Bauer), com o Homem dos Ratos (Ernst Lanzer) e com o Homem dos Lobos (Serguei Constantinovitch Pankejeff).

Marcos fundamentais para o campo psicanalítico, as cinco narrativas que deram corpo e robustez para as descobertas freudianas originaram, por seu turno, ampliações e contribuições singulares. A fortuna crítica amealhada por todas e cada uma delas é imensa: são inúmeros os livros e artigos publicados por psicanalistas renomados de todas as correntes e línguas; centenas de publicações de outras especialidades, filmes, espetáculos teatrais e exposições de arte foram concebidos a partir da leitura desse material. Ainda hoje, elas são a base para novos subsídios psicanalíticos de ordem teórica, clínica, psicopatológica e técnica.

---

3. Criada em 1902 por Sigmund Freud, Alfred Adler, Wilhelm Stekel, Rudolf Reiner e Max Kahane, foi a primeira instituição da história do movimento psicanalítico. Existiu até 1907 e foi substituída pela Wiener Psychoanalytische Vereinigung, modelo para todas as outras sociedades, que seriam reunidas na International Psychoanalytical Association (IPA). Estudiosos de diversas áreas reuniam-se na casa do mestre Freud, para receber dele seus ensinamentos.
4. D.P. Schreber. *Memórias de um doente dos nervos*. Trad. e introdução de Marilene Carone. São Paulo: Paz e Terra, 2006.

Com Dora, Freud valida suas teses sobre a origem da neurose, particularmente da histeria – o conflito psíquico entre desejos reprimidos e exigências morais, o recalcamento da sexualidade e a formação do sintoma conversivo como solução de compromisso e satisfação disfarçada.[5] Ratifica então seu método definitivo de investigação – o uso da associação livre pelo paciente e a atenção flutuante por parte do analista –, para interpretar os sonhos, na busca de tornar conscientes os desejos recalcados. Freud, a despeito de todas as críticas, afirma a importância de falar-se abertamente da sexualidade – mesmo com uma jovem virgem de dezoito anos – como ferramenta para compreender o caminho de formação de seus sintomas.

Análise de uma fobia em um menino de cinco anos expõe, pela primeira vez, a psicanálise de uma criança. O pequeno Hans apresentava como sintomas o pânico de

---

5. O sintoma evidencia a existência de múltiplos e diferentes desejos em nosso psiquismo, desejos, na maior parte das vezes conflitantes, que devem se combinar para que sua produção seja possível. Um sintoma, para a psicanálise, não é algo que deva ou possa ser simplesmente eliminado; ele é uma engenhosa solução de compromisso entre forças que se opõem e configura uma entidade complexa, capaz de satisfazer, ainda que de maneira disfarçada, desejos inadmissíveis à consciência e que, por isso mesmo, teriam sido recalcados. Só assim torna-se possível entender a resistência contra a psicanálise – como terapêutica e também como disciplina –, contra esse seu poder de desfazer o arranjo sintomático, ao dar-lhe inteligibilidade, estabelecendo um sentido ao desemaranhar as linhas associativas que nele se conjugaram; o analisando não quer abandonar seu sintoma, não quer deixar de experimentar o prazer paradoxal que o sintoma garante, ainda que num misto de prazer e terror, mesmo que para isso tenha de investir continuamente uma imensa quantidade de energia para sua manutenção, mesmo que prejudique seriamente o funcionamento de seu psiquismo, restringindo sua capacidade de criar, de trabalhar e de se relacionar com o outro.

cavalos e o receio de sair à rua. O relato é a oportunidade para Freud reafirmar suas teses, apresentadas em 1905 nos *Três ensaios sobre a teoria da sexualidade*, em que estabelece os elos entre a sexualidade dos primeiros anos da infância e a do adulto, tanto na assim denominada sexualidade normal, a genitalidade, como naquilo que se apresenta como psicopatológico.

Com o caso do Homem dos Ratos, ele busca demonstrar a importância para a saúde psíquica do adulto das primeiras relações de objeto, principalmente com os pais, o que ratifica a concepção, central para a psicanálise, do Complexo de Édipo e de suas implicações: o complexo de castração, as diferenças sexual e geracional.

Com o caso Schreber, Freud emprega seu método de investigação psicanalítica a partir de uma obra escrita – assim como fez em outras ocasiões sobre textos de Shakespeare, Goethe, Dostoiévski e Jensen, ou sobre obras de artistas como Leonardo da Vinci e Michelangelo. Amplia, dessa maneira, o raio de ação de suas investidas, aplicando a psicanálise à compreensão da relação entre vida e obra, criando o entendimento de que as produções artísticas e culturais são sobretudo uma formação do inconsciente – assim como um sintoma, um sonho, um esquecimento, um ato falho ou um dito espirituoso – que transforma o desejo sexual proscrito do artista em obra socialmente aceita e valorizada, que utiliza a sublimação para solucionar os conflitos decorrentes desse desejo. O caso Schreber permite-lhe expandir a psicanálise para além do campo da neurose, empregando suas proposições no universo da psicose e estabelecendo um vínculo, uma ponte inequívoca, entre razão e desrazão, entre normal e patológico.

A quinta e última narrativa é justamente o caso do Homem dos Lobos, que ora o leitor tem em mãos, numa bela tradução feita diretamente do alemão por Renato Zwick. Nela, Freud atua como um arqueólogo que vai em busca dos restos materiais da pré-história da neurose obsessiva de seu paciente – as assim denominadas cenas primordiais. Tais cenas, que teriam ocorrido quando o analisando contava com um ano e meio de idade, desenterradas no processo de psicanálise, fornecem os elementos necessários para que Freud compreenda o significado do padecimento do paciente e determine os nexos causais entre a psiconeurose do adulto e a da criança que ele foi. Esse relato clínico permite, também, que a importância dos sonhos como instrumento de pesquisa seja reafirmada; a interpretação dos sonhos abre o acesso aos conteúdos inconscientes e às vivências precoces do analisando que, tornados conscientes, possibilitam a diminuição do sofrimento psíquico.

Com essas cinco grandes narrativas, Freud ruma da experiência clínica singular e pessoal para a universalização de suas teorias e estabelece, simultaneamente, uma aplicabilidade para sua terapêutica, que assim passa a alcançar a totalidade do humano: da pré-história à história da espécie, da infância à vida madura, da loucura à sanidade. Partindo das vivências mais íntimas de cada um de nós – dos sonhos, dos sintomas, dos tropeços comezinhos da vida cotidiana –, ele foi capaz de estabelecer também uma compreensão geral para todas as grandes conquistas civilizatórias e culturais humanas: para a ética, para a estética, para a política e para a religião.

É por isso que Sigmund Freud deve ser recebido como figura inescapável do pensamento contemporâneo

Prefácio: Clínica freudiana como descoberta e criação

ocidental. É um instaurador de discursividade, como teoriza Foucault[6], que determina um modo de pensar que baliza toda nossa compreensão e experiência do mundo, fixando a sexualidade e a destrutividade como as forças por trás das lógicas do prazer e do poder que ordenam as relações humanas.

A história de *Da história de uma neurose infantil* [*O Homem dos Lobos*]

O texto aqui publicado diz respeito ao último grande tratamento psicanalítico relatado por Freud, um caso de neurose obsessiva de um jovem adulto derivado de uma grave neurose infantil. Um caso modelo, diríamos, perfeitamente adequado para a demonstração das teses freudianas a respeito da importância central da sexualidade infantil na causa das doenças psíquicas.

"Minha descrição tratará portanto", escreve Freud, "de uma neurose infantil que não foi analisada durante sua existência, mas apenas quinze anos após o seu transcurso" (p. 41).

O tratamento – o mais longo relatado por Freud – ocorreu em duas etapas: a primeira se deu entre janeiro de 1910 e junho de 1914, e a segunda, durante quatro meses do ano de 1919.

Da história de uma neurose infantil foi escrita com o objetivo explícito de defender a doutrina freudiana dos críticos internos à causa psicanalítica – nesse momento, Jung e Adler – que, então, se contrapunham publicamente

---

6. Michel Foucault. *O que é um autor?* Trad. Antônio F. Cascais e Edmundo Cordeiro. Lisboa: Passagens/Vega, 2002.

à valorização da sexualidade infantil e da influência desta para o desenvolvimento psíquico posterior. Jung considerava que a sexualidade na infância nada mais seria do que uma fantasia do adulto projetada retroativamente sobre as experiências dos primeiros anos de vida; Adler estabelecia que os primeiros impulsos na criança teriam caráter agressivo e não sexual.

Freud inicia a redação do caso clínico em outubro de 1914, concluindo-o em princípios de novembro do mesmo ano. Sua publicação, em função das dificuldades oriundas da Primeira Guerra Mundial, seria adiada por quatro anos. Dois longos trechos foram inseridos na edição de 1924, nos quais Freud apresenta os desdobramentos da segunda fase desse tratamento.

O material da infância do analisando colhido nesse tratamento foi reutilizado por Freud em outros artigos e resultou no desenvolvimento de concepções cruciais à teoria psicanalítica, tais como as das cenas primordiais e das fantasias primitivas e sua relação com a hereditariedade e com esquemas filogeneticamente herdados, a do desenvolvimento psicossexual, principalmente as organizações oral e anal da libido, as correlações entre incorporação, identificação, a formação do ideal do eu e o sentimento de culpa nos estados depressivos, a do recalque e de sua relação com a bissexualidade, a homossexualidade e os impulsos femininos primários, a da ideia do Complexo de Édipo invertido ou negativo e também do Complexo de Édipo completo. Encontraremos, desse modo, muitas referências ao caso do Homem dos Lobos em toda a obra freudiana: *Leonardo da Vinci e uma lembrança de sua infância* (1910), "A ocorrência, em sonhos, de material oriundo de contos de fadas" (1913), *História do movimento psicanalítico* (1914), "Recordar, repetir e elaborar (novas recomendações sobre a técnica da psicanálise II)" (1914), "Sobre a *Fausse Reconnaissance* no tratamento psicanalítico" (1914), "Repressão" (1915), *Luto e melancolia* (1917), "As transformações do instinto exemplificadas no erotismo anal" (1917), *O eu e o isso* (1923), *Inibição, sintoma e medo* (1926) e "Análise terminável e interminável" (1937).

Ao tempo de sua escritura, Freud pede aos discípulos que façam como ele e coletem exemplos de sonhos de seus analisandos cuja interpretação justifique a conclusão de que aqueles que os tiveram tenham testemunhado um ato sexual nos primeiros anos de vida. Freud precisa comprovar, por meio das cenas primordiais recuperadas por ele e pelos colegas, o valor essencial das experiências sexuais infantis, as mais precoces, para a causação da psiconeurose infantil e adulta, tese central da disciplina psicanalítica. E é justamente, como veremos mais à frente, o que ele obtém com o historial clínico do Homem dos Lobos.

Assim como as outras grandes narrativas clínicas de Freud, *Da história de uma neurose infantil* foi o fundamento teórico-clínico de um sem-número de livros e artigos, desde sua publicação, também por outros psicanalistas vinculados às grandes escolas de psicanálise em todo o mundo: Anna Freud, Jacques Lacan, Patrick Mahony, Serge Leclaire, Monique Schneider, Nicolas Abraham e Maria Torok, Jacques-Alain Miller, Jacques Derrida, entre muitos outros.

Mas os desdobramentos do tratamento de Serguei Constantinovitch Pankejeff – o Homem dos Lobos – trouxeram repercussões ainda maiores do que aquelas alcançadas pelos outros relatos.

Vale a pena nos determos nessa história:

De outubro de 1926 a fevereiro de 1927, respondendo ao pedido de Freud, então seu professor e analista, a psiquiatra e psicanalista norte-americana Ruth Mack Brunswick toma Pankejeff para um outro processo de análise. Este segundo tratamento é relatado em 1928 por Muriel Gardiner – por sua vez, analisanda de Mack Brunswick e aluna de russo de Pankejeff –, em *The Wolf--Man: With the Case of the Wolf-Man*[7] (publicado somente em 1971). Essa publicação traz – além da apresentação e das notas da organizadora, do prefácio de Anna Freud, do relato original do caso por Sigmund Freud e do relatório de Ruth Mack Brunswick – uma inesperada autobiografia do Homem dos Lobos, elaborada sob o acompanhamento de Gardiner, na qual Serguei Constantinovitch Pankejeff revela sua identidade e analisa em detalhes sua história, o encaminhamento de seu tratamento e sua relação com Freud.

Não bastassem esses desenvolvimentos, em 1980, a jornalista alemã Karin Obholzer publica *Conversas com o Homem dos Lobos*[8], resultado de mais de quarenta horas de entrevistas realizadas entre 1974 e 1976.

Temos, assim, pela primeira vez na história da psicanálise, um mesmo caso clínico relatado sob quatro perspectivas diferentes: a de Sigmund Freud, a de Ruth Mack Brunswick, a de Karin Obholzer e, por fim, a do próprio Serguei Constantinovitch.

---

7. Muriel Gardiner. *The Wolf-Man: With the Case of the Wolf-Man*. Nova York: Basic Books, 1971.
8. Karin Obholzer. *Conversas com o Homem dos Lobos*. Trad. Vera Ribeiro. Rio de Janeiro: Jorge Zahar, 1993.

Prefácio: Clínica freudiana como descoberta e criação

O relatório de Mack Brunswick, que nomeia o paciente com o apelido pelo qual ele passaria a ser conhecido, o "Homem dos Lobos", ratifica a narrativa do caso feita por Freud, mas estabelece um novo diagnóstico para ele: não mais a neurose obsessiva, mas, sim, a hipocondria e a paranoia, numa controvérsia que dividiu para sempre o campo psicanalítico em dois grupos contrastantes. O livro de Obholzer, por sua vez, segue uma direção bastante diferente e procura realçar o peso transferencial a que o paciente foi exposto em suas muitas análises e tratamentos, e que o levava a se apresentar não mais por seu nome de batismo, mas, sim, por seu codinome e a viver da venda, para vários psicanalistas, da reprodução de seu desenho – que Freud publicou junto com o relato do caso – do famoso sonho com os lobos, em que figurava a cena primária de sua neurose.

O psicanalista Michel Schneider, no prefácio à edição francesa de *Conversas com o Homem dos Lobos*, oferece uma imagem significativa, que nos orienta na compreensão desse caso único nos anais da literatura psicanalítica:

> Seis ou sete lobos sobre os galhos, colocados nas ramificações da árvore genealógica da psicanálise: Freud, Mack Brunswick, Muriel Gardiner, K.R. Eissler [...] Foi desse modo que ele teria experienciado sua vida, suspenso no olhar e na escuta desses testemunhos de sua história?[9]

---

9. Michel Schneider. "Préface", in Obholzer, K., *Entretiens avec l'Homme aux loups. Une psychanalyse et ses suites*. Paris: Gallimard, p. 11. Tradução minha.

Como arquivo vivo da psicanálise, Pankejeff passa a receber auxílio financeiro do próprio Freud e também de seus discípulos próximos, depois da ruína econômica de sua família, como consequência da Revolução Russa de 1917. Uma influência – uma vigilância? – que não cessará jamais: foi acompanhado bem de perto pela Associação Psicanalítica Internacional pelo resto de sua vida, subvencionado por uma pensão oferecida pelo psicanalista austríaco Kurt Eissler, que o visitava em Viena para sessões a cada ano, em nome dos Arquivos Sigmund Freud.

Pankejeff faleceu em Viena, em 7 de maio de 1979, aos 92 anos de idade.

O Homem dos Lobos

Serguei Constantinovitch Pankejeff chegou para uma primeira consulta com Freud em janeiro de 1910 depois de uma longa história de tratamentos tão diversos quanto inócuos, em que fora atendido pelos mais respeitados psiquiatras e neurologistas europeus da época. Aos 23 anos, sentia-se completamente dependente e inapto para viver, infectado por gonorreia desde os dezoito e sofrendo de distúrbios intestinais permanentes que lhe provocavam constipações crônicas severas, exigindo lavagens intestinais quase diárias, entre outros sintomas psicossomáticos. Internado em vários sanatórios, recebera múltiplos tratamentos e diagnósticos, sem, contudo, conseguir qualquer melhora em seus sintomas. Leonid Droznes, seu médico de Odessa, decidira encaminhá-lo para Sigmund Freud, que já alcançara uma certa notoriedade com sua terapêutica inovadora, indicando-o como alguém que poderia enfim ajudá-lo.

Prefácio: Clínica freudiana como descoberta e criação

O tratamento ocorreu em dois períodos. O primeiro, cujo relato é apresentado em *Da história de uma neurose infantil*, durou quatro anos e meio e foi encerrado no dia 28 de junho de 1914, data pré-estabelecida por Freud como final do processo analítico, uma forma de superar a resistência do paciente ao pressioná-lo a assumir ativamente sua análise e fazer avançar o tratamento. Mais de cinco anos depois, o trabalho é retomado, tendo por objetivo diminuir a influência da figura de Freud sobre seu paciente, se estendendo de novembro de 1919 a fevereiro de 1920.

Ressalte-se que mais do que apresentar um caso de neurose obsessiva de um jovem adulto, Freud desejava comprovar a tese de que a neurose madura está sempre ancorada em uma pré-história, nas desventuras da sexualidade da infância. E a neurose obsessiva de Pankejeff ajustava-se, como veremos, perfeitamente a esse propósito.

A narrativa das sessões diárias apresentada em *Da história de uma neurose infantil* permite que acompanhemos passo a passo o processo minucioso pelo qual Freud extrai, das associações do paciente, as inúmeras situações vividas em seus primeiros anos, experiências que dariam sentido à sua grave neurose infantil e que, por sua vez, teria engendrado a severa neurose do Pankejeff adulto. A narrativa estabelece, assim, um vaivém constante entre passado e presente, e transmite a complexidade do longo processo de formação da doença, no qual o passado determina o presente, e o presente, por sua vez, estabelece os significados possíveis para as experiências precoces.

Nascido em 6 de janeiro de 1887, nas cercanias da cidade de Odessa, no sul da Rússia, Pankejeff era herdeiro de uma rica família da aristocracia rural. Foi criado entre o campo e Odessa, ao lado da irmã mais velha – a inteligente e dominadora Anna –, por três governantas e alguns preceptores. A mãe preocupava-se exclusivamente com os próprios distúrbios ginecológicos e psicossomáticos, enquanto o pai, depressivo, cuidava de seus afazeres comerciais e políticos. De acordo com os comentadores do caso, a família Pankejeff nada devia à família Karamázov, do romance de Fiódor Dostoiévski: delírios, perseguições, seduções, crimes, suicídios (Anna suicida-se em 1905 e o pai, em 1907), paranoias de diversos graus conturbaram a vida familiar de Serguei Constantinovitch.

Aos três anos e meio, numa alteração brusca e profunda de caráter, o pequeno Serguei deixara de ser uma criança dócil e compreensiva e passara a adotar comportamentos agressivos e perversos com animais e pessoas. Com quatro anos, é tomado por uma intensa fobia a lobos que se transforma, paulatinamente, em uma neurose obsessiva de cunho religioso, com comportamentos compulsivos e ambivalentes, que iam da devoção às figuras religiosas – numa identificação extremada com a figura de Jesus Cristo – à blasfêmia.

Anna, apenas dois anos mais velha do que ele, parece ter tido um papel preponderante em seu adoecimento: ela o teria seduzido quando ele tinha três anos, tocando seus genitais e despertando seus impulsos eróticos. É também a irmã quem o persegue com gravuras de lobos que, em pé sobre as patas traseiras, exibiam seus imponentes órgãos sexuais. E foi ainda ela quem, mais tarde, rechaçou as investidas sedutoras do jovem, reservando a ele um lugar passivo, de identificação com a figura feminina. Essa modalidade de vínculo pautará as futuras relações amorosas de Serguei Constantinovitch, que, para refrear seus impulsos homossexuais e assumir, enfim, uma posição ativa, escolhe como parceiras mulheres que lhe sejam subalternas.

É com a interpretação do famoso sonho com os lobos de Pankejeff que Freud teria sido capaz de desenterrar lembranças ainda mais precoces: as experiências vividas por Serguei Constantinovitch quando contava com um ano e meio de idade.

Vamos ao sonho:

> Sonhei que era noite e que estava deitado em minha cama (os pés da cama estavam voltados para a janela, diante da janela havia um renque de velhas nogueiras. Sei que quando eu sonhava era inverno, e de noite). De repente, a janela se abre por si mesma e vejo com grande susto que há alguns lobos brancos sentados na grande nogueira diante da janela. Eram seis ou sete. Os lobos eram completamente brancos e mais pareciam raposas ou cães pastores, pois tinham rabos grandes como raposas, e suas orelhas estavam em pé como nos cães que prestam atenção a alguma coisa. Com muito medo, evidentemente de ser devorado pelos lobos, dei um grito e acordei. (p. 69)

O sonho guardaria, intactos, não só os desejos e pensamentos inconscientes, mas também os fatos vividos em sua tenra infância – mesmo que apenas na fantasia do paciente. A interpretação desse sonho permite a Freud acessar e, em certa medida, criar os marcos daquela que teria sido a cena primordial, o alicerce primeiro a partir do qual toda a neurose de Pankejeff teria se constituído:

Numa tarde quente de verão, o pequeno Serguei, então com dezoito meses de idade e sofrendo de malária, dormia no quarto de seus pais, para onde também estes se retiraram, parcialmente despidos, a fim de tirar uma sesta; às cinco horas da tarde, provavelmente no auge da febre, Serguei despertou e, atento, contemplou os pais, parcialmente vestidos com suas roupas de baixo brancas, ajoelhados sobre lençóis também brancos, entregarem-se por três vezes ao coito *a tergo*: observando os órgãos genitais dos pais e o prazer estampado no rosto da mãe, o bebê, habitualmente passivo, apresenta um movimento intestinal repentino e começa a chorar, interrompendo, assim, o casal.

Essa cena primordial, encontrada/criada/produzida na relação com o paciente, é o glorioso corolário do trabalho de Freud. O analista recupera, inter-relaciona e organiza num todo coerente os mais ínfimos detalhes da história pregressa narrada pelo paciente para comprovar uma tese. É para isso que necessita de tantas evidências – impressões e lembranças as mais remotas, que dariam forma a seus sonhos e também a seus sintomas –: para demonstrar a vigência da sexualidade na infância e sua importância na determinação das neuroses do adulto. É, também para comprovar esta mesma tese que assume o trabalho de invenção – de criação ativa de lembranças –, quando constrói um passado tão remoto, justamente aquele das cenas fundadoras de toda uma história, e que estão entre a realidade material e a mais pura fantasia, entre a realidade e a ficção.

Nas palavras de Freud:

> Quero dizer apenas: cenas como as de meu paciente, de uma época tão precoce e com tal conteúdo, que então

reivindicam uma importância tão extraordinária para a história do caso, não são, via de regra, reproduzidas como lembranças, mas precisam ser adivinhadas – construídas – passo a passo e de modo trabalhoso a partir de um somatório de alusões. (p. 97).

É, precisamente, esse trabalho arqueológico colossal, pelo qual Freud coleta restos mnêmicos dispersos e os organiza num novo sentido, que é narrado em *Da história de uma neurose infantil*. E essa narrativa clínica implica – não podemos deixar de ressaltar – um prodigioso salto metodológico e epistemológico para a psicanálise, salto que está contido na inovação acarretada pelo conceito de *construção em análise*, esse fantasiar retrospectivo em parceria, em que o trabalho arqueológico de desvendamento é transformado num trabalho de criação, de ficção. Neste, a fantasia tem tanto peso quanto a realidade, uma inovação que alarma e confunde até mesmo o cientista Freud, que passa a temer que o terreno incerto em que doravante pisará não seja capaz de sustentar o valor de suas próprias conclusões e tampouco preservar a credulidade de seus leitores: "E aqui vem o trecho em que preciso abandonar o apoio no transcurso da análise. Temo que também seja o trecho em que me abandonará a crença do leitor" (p. 79).

Freud tem, mesmo, um desafio gigantesco: apresentar a complexidade de sua clínica, garantindo o vigor e o frescor da descoberta/invenção das múltiplas tramas estabelecidas no encontro com o paciente, sem perder, ao mesmo tempo, sua força de convencimento.

Seu esforço de elaboração é mesmo descomunal e exige também de nossa parte empenho e compromisso.

Ao acompanharmos o texto, uma espécie de vertigem nos acomete por vezes e quase desistimos de segui-lo nas inúmeras correlações que propõe e em suas mais desvairadas elucubrações. E passamos a indagar: seria mesmo possível alcançar no caos das marcas inconscientes, graças à interpretação do famoso sonho com os lobos, a cena primordial em que Serguei Constantinovitch, com apenas um ano e meio de idade e fervendo em febre devido à malária, vê seus pais seminus e com os órgãos sexuais à mostra numa relação sexual por trás, tal como acontece entre animais? Teria essa (suposta) cena a força de definir o entendimento que o pequeno Serguei Constantinovitch faria da diferença entre os sexos e das consequências advindas dessa diferenciação? Seria mesmo possível que essa experiência determinasse todo o seu posicionamento futuro relativo ao pai, à mãe, à sedutora irmã e a outros homens e mulheres, que conformasse a singular dissolução de seu Complexo de Édipo, estabelecesse uma identificação com Jesus Cristo e uma predileção amorosa por parceiras sexuais de nádegas grandes e oriundas de uma classe social considerada inferior?

E ainda: teria essa mesma cena primária a potência patogênica de fixá-lo num modo anal de relação objetal, o que responderia por sua zoofobia infantil (na forma de temor a lobos e outros pequenos animais), produziria sua neurose obsessiva adulta, suas persistentes desordens intestinais e sua hipocondria, originando suas infindáveis dúvidas e desconfianças, e também sua dificuldade em lidar com dinheiro? Seria capaz, ainda, de insuflar seus desejos homossexuais em função de sua identificação com o prazer materno e da escolha amorosa pelo pai – homossexualidade depois recalcada e revertida pelo incremento do sadismo e da atividade agressiva contra animais? Essa cena primordial teria, ainda, correlações com a hereditariedade, com esquemas filogeneticamente herdados, estes precipitados da história cultural humana que reaparecem nos mitos, lendas e contos, como *Os sete cabritinhos* e *Chapeuzinho Vermelho*, que povoaram a infância de Pankejeff? Teria sido a potência dessa cena primordial – transfigurada na fobia ao lobo – o que o levou a definir-se muito mais como o "Homem dos Lobos" do que como Serguei Constantinovitch, uma pessoa como outra qualquer?

Todos estes questionamentos e muitos mais estão presentes nesse extraordinário relato clínico de Sigmund Freud. Cem anos depois, acompanhamos essa força inventiva que estabeleceu um estatuto inédito para a palavra, a palavra que cura, que se faz viva e criadora de realidades.

Da história de uma neurose infantil

[O Homem dos Lobos]

I

Observações preliminares

O caso clínico que relatarei aqui[1] – novamente apenas de modo fragmentário – é caracterizado por algumas peculiaridades que exigem ser destacadas antes da exposição. Ele diz respeito a um jovem que caiu doente aos dezoito anos, após uma infecção gonorreica, e que, vários anos mais tarde, ao entrar em tratamento psicanalítico, se achava inteiramente dependente e inapto para a existência. Ele viveu de maneira quase normal a década de sua juventude que precedeu a ocasião do adoecimento, realizando seus

---

1. Este histórico clínico foi redigido pouco após o término do tratamento, no inverno de 1914-1915, sob a impressão, fresca na época, das reinterpretações que C.G. Jung e A. Adler queriam empreender nos resultados psicanalíticos. Ele se liga, portanto, ao artigo "Sobre a história do movimento psicanalítico", publicado no *Jahrbuch der Psychoanalyse* [*Anuário de psicanálise*], vol. VI, 1914, e complementa a polêmica aí contida, essencialmente pessoal, mediante uma apreciação objetiva do material analítico. Ele estava originalmente destinado ao volume seguinte do *Jahrbuch*, mas como a publicação deste foi indefinidamente adiada pelos obstáculos da Grande Guerra, decidi incluí-lo nesta coleção organizada por um novo editor. Muitas coisas que deveriam ter sido pronunciadas nele pela primeira vez tive, entretanto, de abordar em minhas *Conferências de introdução à psicanálise*, proferidas em 1916-1917. O texto da primeira redação não experimentou modificações de qualquer importância; acréscimos foram indicados por meio de colchetes. [Os acréscimos são apenas dois; ver adiante, páginas 104 e 153. A "coleção organizada por um novo editor" é a *Sammlung kleiner Schriften zur Neurosenlehre* (Coleção de pequenos escritos de teoria das neuroses), cujo vol. 4, de 1918, editado por Hugo Heller em Viena, incluía o presente texto. (N.T.)]

estudos secundários sem muitas perturbações. Mas seus primeiros anos foram dominados por uma grave perturbação neurótica, que começou pouco antes de seu quarto aniversário sob a forma de uma histeria de medo (zoofobia), convertendo-se em seguida numa neurose obsessiva de conteúdo religioso e chegando com suas ramificações até seu décimo ano de vida.

Apenas essa neurose infantil será o objeto de minhas comunicações. Apesar do encorajamento direto do paciente, recusei-me a escrever a história completa de seu adoecimento, tratamento e recuperação, pois reconheci que essa tarefa era tecnicamente impraticável e socialmente inadmissível. Isso também elimina a possibilidade de indicar a conexão entre seu adoecimento infantil e seu adoecimento posterior definitivo. Apenas posso dizer deste último que, por sua causa, o doente passou muito tempo em sanatórios alemães, e que na época a autoridade mais competente[2] o classificou como um caso de "psicose maníaco-depressiva". Esse diagnóstico certamente era exato para o pai do paciente, cuja vida, rica em atividade e interesses, fora perturbada por repetidos e graves ataques de depressão. No próprio filho, numa observação de vários anos, não pude constatar qualquer mudança de humor que ultrapassasse a situação psíquica visível em intensidade e quanto às condições de seu aparecimento. Formei a concepção de que esse caso, como tantos outros que são documentados pela psiquiatria clínica com diagnósticos variados e cambiantes, deve ser

---

2. Segundo Ernest Jones – informam os editores da *Freud-Studienausgabe* –, entre os psiquiatras consultados pelo paciente estavam sumidades como Theodor Ziehen, em Berlim, e Emil Kraepelin, em Munique. (N.T.)

I. Observações preliminares

compreendido como um estado resultante de uma neurose obsessiva que transcorreu espontaneamente e se curou de maneira imperfeita.

Minha descrição tratará portanto de uma neurose infantil que não foi analisada durante sua existência, mas apenas quinze anos após o seu transcurso. Essa situação tem suas vantagens como também suas desvantagens em comparação com a outra. A análise que se faz com a própria criança neurótica parecerá de início mais confiável, mas ela não pode ser muito substancial; é preciso emprestar palavras e pensamentos demais à criança e, talvez, ainda assim, constatar que as camadas mais profundas são impenetráveis à consciência. A análise do adoecimento infantil pelo recurso à lembrança da pessoa adulta e intelectualmente amadurecida está livre dessas restrições; no entanto, serão levados em conta a distorção e o arranjo aos quais está sujeito o próprio passado no olhar retrospectivo lançado de um período posterior. O primeiro caso talvez dê os resultados mais convincentes, o segundo é de longe o mais instrutivo.

Mas, de qualquer modo, pode-se afirmar que as análises de neuroses infantis podem reivindicar um interesse teórico especialmente alto. Elas fazem pela compreensão correta das neuroses dos adultos aproximadamente tanto quanto os sonhos infantis pelos sonhos dos adultos. Não que sejam mais fáceis de elucidar ou mais pobres em elementos; a dificuldade de empatia com a vida psíquica infantil faz delas inclusive um trabalho especialmente difícil para o médico. Nelas, porém, desapareceram tantas das camadas posteriormente sobrepostas que o essencial da neurose se destaca de modo inequívoco. Como se sabe, na fase atual da luta pela psicanálise, a resistência a seus resultados adotou uma nova forma. Antes as pessoas se contentavam em contestar a realidade dos fatos sustentados pela análise, no que a melhor técnica parecia ser a de evitar a averiguação. Esse procedimento parece se esgotar lentamente; agora se toma o caminho alternativo de reconhecer os fatos, mas, por meio de reinterpretações, eliminar as consequências deles resultantes, de modo a rechaçar mais uma vez as novidades escandalosas. O estudo das neuroses infantis demonstra a completa insuficiência dessas tentativas rasas ou violentas de reinterpretação. Ele mostra, na configuração da neurose, a participação preponderante das forças impulsoras libidinais, que tanto se gosta de negar, e revela a ausência de aspirações a metas culturais remotas, das quais a criança ainda nada sabe e que por isso nada podem lhe significar.

Outro traço que recomenda dar atenção à análise a ser aqui comunicada se relaciona com a gravidade do adoecimento e a duração de seu tratamento. As análises que em pouco tempo levam a um desfecho favorável serão valiosas para a autoconfiança do terapeuta e demonstrarão a importância médica da psicanálise; para a promoção do conhecimento científico, elas são na maioria das vezes insignificantes. Não se aprende nada novo delas. Afinal, só foram tão rapidamente bem-sucedidas porque já se sabia tudo o que era necessário para sua execução. Só se pode ficar sabendo de coisas novas a partir de análises que ofereçam dificuldades especiais, para cuja superação se gasta muito tempo. Apenas nesses casos se consegue descer até as camadas mais profundas e mais primitivas do desenvolvimento psíquico e trazer de lá as soluções para os problemas das configurações posteriores. Então dizemos a nós mesmos que, estritamente falando, apenas a análise que foi tão longe

I. Observações preliminares

merece esse nome. Naturalmente, um único caso não instrui sobre tudo o que se gostaria de saber. Para ser mais exato, ele poderia ensinar tudo desde que se fosse capaz de apreender tudo e não se fosse forçado, pela inabilidade da própria percepção, a se contentar com pouco.

O caso clínico a ser descrito aqui não deixou nada a desejar em matéria de tais dificuldades frutíferas. Os primeiros anos de tratamento mal obtiveram uma mudança. Uma constelação feliz permitiu, apesar disso, que todas as condições externas possibilitassem a continuação da tentativa terapêutica. Posso imaginar facilmente que em circunstâncias menos favoráveis o tratamento teria sido abandonado depois de algum tempo. Em favor do ponto de vista do médico, apenas posso dizer que em tal caso ele tem de se comportar de modo tão "atemporal" como o próprio inconsciente se quiser saber e conseguir algo. Será capaz de finalmente fazê-lo se puder renunciar a uma ambição terapêutica míope. São poucos os casos em que se poderá esperar a medida de paciência, docilidade, compreensão e confiança requerida da parte do paciente e de seus familiares. Porém, o analista pode dizer a si mesmo que os resultados que obteve num caso mediante trabalho tão longo permitirão abreviar sensivelmente a duração do tratamento de um adoecimento seguinte, igualmente grave, superando assim de modo progressivo a atemporalidade do inconsciente após submeter-se a ela uma primeira vez.

O paciente de quem aqui me ocupo ficou por longo tempo entrincheirado de modo inatacável por trás de uma atitude de dócil desinteresse. Ele prestava atenção, compreendia e não deixava nada se aproximar. Sua inteligência irrepreensível estava como que cortada das forças impulsionais que dominavam seu comportamento nas poucas relações de vida que lhe haviam restado. Foi necessária uma longa educação para levá-lo a participar de modo independente do trabalho, e quando, em consequência desse esforço, apareceram as primeiras libertações, ele suspendeu o trabalho de imediato para evitar maiores modificações e se conservar comodamente na situação estabelecida. Seu temor de uma existência independente era tão grande que compensava todas as fadigas de sua condição de doente. Encontrou-se um único caminho para superá-lo. Tive de esperar até que a ligação à minha pessoa tivesse se tornado forte o bastante para manter-se equilibrada e, em seguida, joguei esse fator contra o outro. Determinei, não sem me deixar guiar por bons sinais indicando o momento oportuno, que o tratamento teria de ser encerrado em certa data, não importando o quanto tivesse avançado. Eu estava decidido a respeitar essa data; o paciente acreditou por fim em minha seriedade. Sob a pressão implacável do estabelecimento dessa data, cedeu sua resistência, sua fixação à condição de doente, e então a análise forneceu, num tempo desproporcionalmente curto, todo o material que possibilitou a resolução de suas inibições e a supressão de seus sintomas. Deste último período de trabalho, em que a resistência desaparecera temporariamente e o doente passava a impressão de ter uma lucidez de outro modo apenas atingível na hipnose, também provêm todos os esclarecimentos que me permitiram a compreensão de sua neurose infantil.

Foi assim que o decurso desse tratamento ilustrou a tese, há muito reconhecida pela técnica analítica, de que a extensão do caminho que a análise percorreu com o paciente e a abundância do material que cabe dominar nesse

I. Observações preliminares

caminho não contam quando comparadas à resistência que se encontra durante o trabalho, só contando até o ponto em que são necessariamente proporcionais à resistência. É o mesmo caso de quando, nos dias de hoje, um exército inimigo gasta semanas e meses para percorrer um trecho do país que em épocas de paz normalmente é atravessado em poucas horas pelo trem expresso e que pouco antes foi percorrido pelo exército da própria nação em alguns dias.

Uma terceira peculiaridade da análise a ser descrita aqui apenas dificultou a decisão de comunicá-la. No geral, seus resultados coincidiram satisfatoriamente com nosso saber adquirido até aqui, ou encontraram uma boa conexão com ele. Porém, alguns detalhes pareceram a mim mesmo tão estranhos e inacreditáveis que hesitei em tentar conquistar a crença alheia para eles. Encorajei o paciente a fazer a mais rigorosa crítica de suas lembranças, mas ele não encontrou nada de improvável em suas declarações e se aferrou a elas. Os leitores podem pelo menos estar convencidos de que eu mesmo apenas relato o que encontrei sob a forma de vivência independente, não influenciada pela minha expectativa. Assim, nada me restou senão recordar o sábio dito de que há mais coisas no céu e na terra do que sonha a nossa filosofia.[3] Quem conseguisse suspender ainda mais radicalmente as convicções que traz consigo por certo poderia descobrir ainda mais coisas desse gênero.

---

3. Shakespeare, *Hamlet*, ato 1, cena 5. (N.T.)

II
Visão geral do meio e do histórico clínico

Não posso escrever a história de meu paciente de modo puramente histórico nem puramente pragmático, não posso oferecer um histórico do tratamento nem um histórico clínico, mas serei obrigado a combinar os dois modos de apresentação. Como se sabe, não houve maneira de acomodar de alguma forma na reprodução da análise a convicção dela resultante. Registros protocolares exaustivos do que se passou nas consultas analíticas certamente nada fariam em favor disso; sua realização também está excluída pela técnica do tratamento. Assim, não se publica tais análises a fim de produzir convicção naqueles que até então se comportaram de modo refratário e incrédulo. Espera-se apenas trazer algo novo àqueles pesquisadores que já obtiveram convicções mediante experiências próprias com pacientes.

Começarei descrevendo o mundo da criança e comunicando da história de sua infância o que foi possível ficar sabendo sem esforço e que, ao longo de vários anos, não se tornou mais completo nem mais transparente.

Pais que se casaram jovens, que ainda têm um casamento feliz, sobre o qual suas doenças logo projetam as primeiras sombras, as doenças ginecológicas da mãe e os primeiros acessos de mau humor do pai, que resultaram em sua ausência de casa. Naturalmente, o paciente só consegue compreender a doença do pai muito mais tarde; a condição doentia da mãe já lhe é conhecida nos primeiros anos da infância. Por essa razão, ela se dedicava relativamente pouco aos filhos. Em dado dia, certamente antes de seu quarto ano, ele ouve, enquanto a mãe o conduz pela mão, as queixas desta ao médico que ela acompanha casa afora, gravando suas palavras a fim de utilizá-las mais tarde para si mesmo. Ele não é o único filho; antes dele, nasceu uma irmã dois anos mais velha, vivaz, talentosa e precocemente má, a quem cabe um grande papel em sua vida.

Até onde consegue se recordar, uma babá toma conta dele; é uma mulher idosa, sem instrução, do povo, com uma ternura incansável por ele. Para ela, ele é o substituto de um filho falecido prematuramente. A família vive numa propriedade rural, que é trocada por outra no verão. A cidade grande não fica longe de ambas. Quando os pais vendem as propriedades e se mudam para a cidade, isso constitui uma cesura em sua infância. Parentes próximos ficam muitas vezes por longos períodos numa ou noutra propriedade, irmãos do pai, irmãs da mãe e seus filhos, os avós maternos. No verão, os pais costumam sair em viagem por algumas semanas. Uma lembrança encobridora mostra-o na companhia da babá seguindo com os olhos o veículo que leva embora o pai, a mãe e a irmã, e em seguida voltando tranquilamente para dentro de casa. Ele devia ser muito pequeno nessa época.[1] No verão seguinte, a irmã foi deixada em casa, e contrataram uma governanta inglesa, a quem coube a supervisão das crianças.

Em anos posteriores, contaram-lhe muita coisa de

---

1. Dois anos e meio. Quase todas as datas puderam ser determinadas com segurança mais tarde.

II. Visão geral do meio e do histórico clínico

sua infância.² Ele próprio sabia de muita coisa, mas naturalmente sem uma conexão temporal ou de conteúdo. Uma dessas tradições, que repetiram diante dele incontáveis vezes por ocasião de seu adoecimento posterior, nos familiariza com o problema cuja solução nos ocupará. Diziam que de início ele fora uma criança muito terna, dócil e calma, de modo que se costumava dizer que ele deveria ter sido a menina, e a irmã mais velha, o garoto. Mas certa vez, quando os pais retornaram da viagem de verão, encontraram-no transformado. Ele tinha se tornado descontente, irritável e brusco, ofendia-se por qualquer motivo e então se enfurecia e gritava como um selvagem, de maneira que os pais, visto que esse estado perdurava, manifestaram a preocupação de que não seria possível mandá-lo para a escola mais tarde. Isso foi no verão em que estivera presente a governanta inglesa, que mostrou ser uma pessoa louca, intratável e, de resto, dada à bebida. Por isso, a mãe estava inclinada a relacionar a mudança de caráter do menino com a influência dessa inglesa, e supôs que ela o tinha irritado através de seu tratamento. A perspicaz avó, que tinha partilhado o verão com as crianças, defendia a opinião de que a irritabilidade do menino fora causada pelas desavenças entre a inglesa e

---

2. Via de regra, podemos aproveitar as comunicações desse tipo como material de irrestrita credibilidade. Seria natural, por isso, preencher sem esforço as lacunas na memória do paciente mediante informações obtidas com os membros mais velhos da família, porém não posso desaconselhar essa técnica com firmeza o bastante. O que os familiares contam quando perguntados e encorajados está sujeito a todos os escrúpulos críticos possíveis. Sempre nos lamentamos quando nos tornamos dependentes dessas informações, ao mesmo tempo em que perturbamos a confiança na análise e colocamos outra instância acima dela. O que realmente pode ser lembrado vem à luz no curso posterior da análise.

a babá. A inglesa chamara a babá repetidas vezes de bruxa, obrigando-a a deixar o aposento; o pequeno tinha tomado abertamente o partido de sua querida *niânia*[3] e mostrado seu ódio à governanta. Como quer que fosse, a inglesa foi mandada embora logo depois do retorno dos pais, sem que nada se modificasse na natureza insuportável da criança.

A lembrança dessa época ruim conservou-se no paciente. Ele acha que fez a primeira de suas cenas quando, certa vez, não foi duplamente presenteado no Natal conforme lhe cabia, pois o Natal coincidia com seu aniversário. Com suas exigências e suscetibilidades, ele não poupou nem mesmo sua querida niânia, talvez até atormentando-a de modo mais implacável que aos outros. Porém, essa fase da mudança de caráter está ligada em sua memória de modo indissolúvel a muitas outras manifestações estranhas e doentias que ele não consegue ordenar cronologicamente. Ele joga num único e mesmo período tudo aquilo que agora deve ser relatado, coisas impossíveis de terem sido simultâneas e cheias de contradições em seu conteúdo, período esse que ele chama de "ainda na primeira propriedade". Eles teriam deixado essa propriedade, acredita, quando ele tinha cinco anos. Consegue narrar, pois, que padecera de um medo do qual sua irmã se aproveitou para atormentá-lo. Havia certo livro ilustrado que continha a representação de um lobo, em pé e caminhando a passos largos. Quando via essa imagem, começava a gritar terrivelmente, temendo que o lobo viesse e o devorasse. Mas a irmã sempre sabia arranjar as coisas de tal modo que ele tinha de ver essa imagem, deliciando-se com seu susto. Entretanto, ele também

---

3. Transliteração de няня, "babá" em russo. (N.T.)

II. Visão geral do meio e do histórico clínico

tinha medo de outros animais, grandes e pequenos. Certa vez, perseguiu, para apanhá-la, uma bela e grande borboleta com asas pontudas listradas de amarelo. (Era provavelmente uma "rabo-de-andorinha".) De súbito, foi tomado por um medo terrível do bicho, desistindo da perseguição aos gritos. Também tinha medo e asco de besouros e lagartas. No entanto, conseguia se lembrar que nessa mesma época tinha maltratado besouros e retalhado lagartas; cavalos também lhe eram sinistros. Gritava quando açoitavam um cavalo, e por isso teve de deixar o circo certa vez. Noutras vezes, ele próprio gostava de açoitar cavalos. Sua memória não permitiu decidir se esses tipos opostos de comportamento em relação aos animais realmente vigoraram ao mesmo tempo, ou se antes não se sucederam, e, nesse caso, em que sequência e quando ocorreram. Tampouco soube dizer se sua época ruim fora substituída por uma fase de doença ou se prosseguiu ao longo desta. Em todo caso, estava-se autorizado pelas comunicações que então se seguiram a supor que naqueles anos de infância ele tinha passado por um adoecimento neurótico-obsessivo perfeitamente identificável. Relatou que por um bom tempo tinha sido bastante devoto. Precisava rezar longamente antes de dormir e fazer uma série interminável de sinais da cruz. À noite, também costumava passar com uma cadeira, na qual subia, por todas as imagens de santos que pendiam no quarto e beijar cada uma delas piedosamente. Harmonizava-se muito mal – ou talvez muito bem – com esse cerimonial devoto a recordação de pensamentos sacrílegos, que lhe vinham à mente como uma inspiração do Diabo. Tinha de pensar: Deus/porco, ou Deus/merda. Certa vez, numa viagem a um balneário alemão, fora atormentado pela compulsão de pensar na Santíssima Trindade quando via três montinhos de esterco de cavalo ou outros excrementos na rua. Na época, também observava um cerimonial peculiar quando via pessoas que lhe davam pena, como mendigos, aleijados e velhos. Tinha de expirar ruidosamente para não ficar como eles, ou, sob certas outras condições, também inspirar com força. Naturalmente, era-me óbvio supor que esses sintomas nitidamente neurótico-obsessivos pertenciam a uma época e a um estágio de desenvolvimento um tanto posteriores aos sintomas do medo e às ações cruéis contra os animais.

Os anos mais maduros do paciente foram determinados por uma relação muito desfavorável com o pai, que na época, depois de repetidos ataques de depressão, não podia ocultar os aspectos doentios de seu caráter. Nos primeiros anos de infância, essa relação fora muito terna, segundo conservou a memória do filho. O pai o amava muito e gostava de brincar com ele. Desde pequeno, tinha orgulho do pai e só dizia que queria se tornar um senhor como ele. A niânia tinha lhe dito que a irmã era a criança da mãe, mas ele era a do pai, com o que ele estava muito satisfeito. Ao término da infância, surgiu um estranhamento entre ele e o pai. O pai preferia indubitavelmente a irmã, e ele estava muito magoado com isso. Mais tarde, o medo do pai se tornou dominante.

Mais ou menos por volta dos oito anos, desapareceram todas as manifestações que o paciente atribui à fase de sua vida que começa com seu mau comportamento. Não desapareceram de um golpe, mas voltaram algumas vezes e, por fim, segundo acredita o doente, cederam à influência dos professores e educadores que em seguida tomaram o lugar das pessoas de sexo feminino que dele cuidavam.

II. Visão geral do meio e do histórico clínico

Num esboço sumaríssimo, estes são portanto os enigmas cuja solução foi confiada à análise: donde proveio a súbita mudança de caráter do menino, o que significavam sua fobia e suas perversidades, como foi que desenvolveu sua devoção compulsiva e como todos esses fenômenos se relacionam? Recordo mais uma vez que nosso trabalho terapêutico dizia respeito a um adoecimento neurótico posterior de data recente, e que esclarecimentos sobre aqueles problemas mais antigos só puderam ser feitos quando o transcurso da análise se afastou por algum tempo do presente para nos forçar a seguir pelo desvio que passa pela pré-história infantil.

III

A SEDUÇÃO E SUAS CONSEQUÊNCIAS IMEDIATAS

De modo compreensível, a primeira suposição dirigiu-se para a governanta inglesa, durante cuja presença surgira a mudança do menino. Conservaram-se duas lembranças encobridoras referentes a ela, em si incompreensíveis. Certa vez, indo à frente, ela disse aos que vinham atrás: "Olhem só o meu rabinho!".[1] Uma outra vez, seu chapéu fora levado pelo vento durante um passeio, para grande satisfação dos irmãos. Isso apontava para o complexo de castração e talvez permitisse uma construção, a de que uma das ameaças da governanta dirigidas ao menino teria contribuído muito para originar seu comportamento anormal. É inteiramente inofensivo comunicar tais construções ao paciente analisado, elas jamais prejudicam a análise quando estão erradas e, afinal, não as expressamos se não temos perspectiva de obter por meio delas uma aproximação qualquer à realidade. Como efeito imediato dessa colocação, surgiram sonhos cuja interpretação não foi inteiramente bem-sucedida, mas que sempre pareciam girar em torno do mesmo conteúdo. Tratavam, até onde podiam ser compreendidos, de ações agressivas do menino contra a irmã ou contra a governanta, e de repreensões e castigos enérgicos em razão delas. Como se ele tivesse querido... após o banho... desnudar a irmã... arrancar suas roupas... ou véus... e coisas semelhantes. No entanto, não foi possível extrair um conteúdo seguro da

---

1. Duplo sentido: em alemão, *Schwanz* significa tanto "rabo" quanto (vulgarmente) "pênis". (N.T.)

interpretação, e quando recebemos a impressão de que nesses sonhos se elaborava repetidamente o mesmo material de modo cambiante, a compreensão dessas supostas reminiscências estava assegurada. Só podia se tratar de fantasias sobre sua infância que o sonhador tivera em algum momento, provavelmente nos anos de puberdade, e que agora haviam ressurgido sob uma forma tão difícil de reconhecer.

O entendimento delas ocorreu de um golpe, quando o paciente se recordou de súbito que afinal a irmã o tinha seduzido a atividades sexuais "quando ainda era muito pequeno, na primeira propriedade". Primeiro veio a lembrança de que ela o desafiara no banheiro, que as crianças muitas vezes usavam juntas: "Vamos mostrar nossos traseiros um para o outro?", e as palavras foram seguidas pelos atos. Mais tarde, apareceu o mais essencial da sedução, com todos os pormenores de tempo e lugar. Havia sido na primavera, numa época em que o pai estava ausente; as crianças brincavam no chão de um cômodo enquanto a mãe trabalhava no cômodo vizinho. A irmã agarrara seu membro, brincara com ele e, ao fazê-lo, dissera coisas incompreensíveis sobre a niânia à maneira de explicação. A niânia, disse ela, faz o mesmo com todo mundo, como por exemplo o jardineiro; ela o coloca de cabeça para baixo e então agarra seus genitais.

Isso fornecia a compreensão das fantasias antes deduzidas. Estas tinham o propósito de apagar a lembrança de um acontecimento que mais tarde pareceu chocante para a autoconfiança masculina do paciente, alcançando essa meta ao colocar um oposto de desejo[2] no lugar da

---

2. Tradução literal de *Wunschgegensatz*. Numa tradução "explicativa": "algo oposto sugerido/inspirado/ditado pelo desejo". (N.T.)

III. A SEDUÇÃO E SUAS CONSEQUÊNCIAS IMEDIATAS

verdade histórica. Segundo essas fantasias, não fora ele que representara o papel passivo frente à irmã, mas, ao contrário, ele fora agressivo, quisera ver a irmã sem roupa, fora repelido, punido e por isso fora tomado pela fúria sobre a qual a tradição doméstica contava tantas coisas. Também era apropriado entretecer a governanta nessa invenção, a quem a mãe e a avó, afinal, imputaram a culpa principal por seus ataques de fúria. Assim, essas fantasias correspondiam exatamente à formação das lendas, por meio da qual uma nação mais tarde grande e orgulhosa tenta encobrir a pequeneza e o infortúnio de seus começos.

Na verdade, a governanta só podia ter um papel muito remoto na sedução e suas consequências. As cenas com a irmã aconteceram na primavera do mesmo ano em cujos meses de alto verão a inglesa substituíra os pais, ausentes. A hostilidade do menino contra a governanta surgiu, isto sim, de outro modo. Ao xingar a babá e difamá-la como bruxa, ela seguiu, para ele, os passos da irmã, que anteriormente tinha contado aquelas coisas monstruosas sobre a babá, permitindo-lhe assim manifestar contra ela a aversão que se desenvolveu contra a irmã, como veremos, em consequência da sedução.

No entanto, a sedução pela irmã certamente não era uma fantasia. Sua fidedignidade foi aumentada por uma comunicação, jamais esquecida, feita em anos posteriores e maduros. Um primo, mais de dez anos mais velho que ele, disse-lhe numa conversa sobre a irmã que se lembrava muito bem que criatura atrevida e sensual ela havia sido. Quando menina de quatro ou cinco anos, ela sentara-se certa vez no colo dele e abriu suas calças para agarrar seu membro.

Gostaria agora de interromper a história da infância de meu paciente para falar dessa irmã, de seu desenvolvimento, seus destinos posteriores e sua influência sobre ele. Ela era dois anos mais velha que ele e sempre estivera à sua frente. Indomável como um garoto quando criança, teve depois um desenvolvimento intelectual brilhante, distinguiu-se por um entendimento aguçado e realista, preferiu as ciências naturais em seus estudos, mas também produziu poemas, que o pai muito apreciava. Era muito superior intelectualmente a seus primeiros e inúmeros pretendentes, costumando zombar deles. Porém, depois dos vinte anos começou a ficar mal-humorada, queixando-se de não ser bonita o bastante e retirando-se de toda a convivência social. Mandada numa viagem em companhia de uma senhora mais velha, amiga sua, contou, após o retorno, coisas absolutamente improváveis sobre como fora maltratada pela acompanhante, mas era evidente que ficara fixada à pretensa atormentadora. Numa segunda viagem pouco depois, tomou veneno e morreu longe de casa. É provável que sua afecção correspondesse ao início de uma *dementia praecox*. Ela era uma das testemunhas da considerável hereditariedade neuropática da família, mas de forma alguma a única. Um tio, irmão do pai, morreu após longos anos de uma existência de esquisitão com sintomas que permitem deduzir uma grave neurose obsessiva; um bom número de parentes colaterais era e é acometido por perturbações nervosas mais leves.

Para nosso paciente, a irmã era na infância – não considerando por ora a sedução – uma concorrente incômoda pela estima dos pais, e cuja superioridade ostentada impiedosamente ele sentia de modo muito opressor. Ele a invejava

III. A sedução e suas consequências imediatas

sobretudo pelo respeito que o pai testemunhava por suas capacidades de espírito e feitos do intelecto, enquanto ele, intelectualmente inibido desde sua neurose obsessiva, tinha de se contentar com uma escassa apreciação. A partir de seus catorze anos, a relação entre os irmãos começou a melhorar; uma disposição intelectual semelhante e a oposição comum aos pais os uniram a tal ponto que tratavam um ao outro como os melhores camaradas. Na tempestuosa excitação sexual de seus anos de puberdade, ele ousou procurar uma aproximação física íntima com ela. Quando ela o tinha rejeitado tão decidida quanto habilmente, ele se voltou de imediato para uma mocinha camponesa que era empregada na casa e tinha o mesmo nome da irmã. Com isso, tinha dado um passo decisivo para sua escolha heterossexual de objeto, pois todas as moças por quem se apaixonou mais tarde, muitas vezes sob os mais nítidos sinais da compulsão, também eram empregadas, cuja formação e inteligência necessariamente ficavam muito atrás das suas. Se todos esses objetos amorosos eram pessoas substitutivas para a irmã que lhe era proibida, não se pode rejeitar que uma tendência a rebaixar a irmã, a eliminar sua superioridade intelectual que outrora tanto o oprimira, tenha assumido a decisão sobre sua escolha de objeto.

A motivos desse tipo, oriundos da vontade de poder, do impulso de afirmação[3] do indivíduo, A. Adler subordinou, como todo o resto, também o comportamento sexual do ser humano. Sem alguma vez negar a validade de tais motivos de poder e privilégio, nunca estive convencido de que pudessem desempenhar o papel dominante e exclusivo

---

3. *Behauptungstrieb*. Nesta tradução, *Trieb* corresponde sempre a "impulso". (N.T.)

que lhes foi atribuído. Não tivesse levado a análise de meu paciente até o fim, teria de tomar a observação desse caso como pretexto para empreender uma correção de meu preconceito no sentido proposto por Adler. Inesperadamente, o término dessa análise trouxe material novo, do qual resultou mais uma vez que esses motivos de poder (em nosso caso, a tendência ao rebaixamento) tinham determinado a escolha de objeto apenas no sentido de uma contribuição e uma racionalização, enquanto a determinação verdadeira, mais profunda, me permitiu conservar minhas convicções anteriores.[4]

Quando chegou a notícia da morte da irmã, relatou o paciente, ele mal sentiu um esboço de dor. Obrigou-se a manifestar sinais de luto e, com toda a frieza, pôde se alegrar por ser agora o único herdeiro do patrimônio. Quando isso aconteceu, ele já era acometido há vários anos por sua doença recente. Confesso, porém, que essa comunicação me deixou inseguro por um bom tempo quanto à avaliação diagnóstica do caso. Cabia supor, é verdade, que a dor pela perda do membro mais amado de sua família fosse inibida em sua expressão graças ao ciúme persistente com a relação à irmã e à mescla do enamoramento incestuoso tornado inconsciente, mas não fui capaz de renunciar a um substituto para a irrupção não ocorrida da dor. Um substituto desses foi finalmente encontrado em outra manifestação de sentimento, que permaneceu incompreensível para ele. Poucos meses após a morte da irmã, ele próprio fez uma viagem pela região em que ela falecera, lá procurou o túmulo de um grande autor, na época seu ideal, e chorou amargamente sobre esse túmulo. Essa foi uma reação que

---

4. Ver abaixo, p. 151.

III. A SEDUÇÃO E SUAS CONSEQUÊNCIAS IMEDIATAS

também lhe causou estranheza, pois sabia que haviam transcorrido mais de duas gerações desde a morte do venerado autor. Só a compreendeu quando recordou que o pai costumava comparar os poemas da falecida irmã com os do grande poeta. Mediante um erro em sua narrativa, que pude destacar nesse ponto, ele me deu outro indício da correta compreensão dessa homenagem aparentemente dirigida ao escritor. Antes ele havia dito repetidas vezes que a irmã se matara com um tiro, e então teve de se corrigir dizendo que ela tinha tomado veneno. O poeta, no entanto, fora morto à bala num duelo de pistolas.[5]

Volto agora à história do irmão, que a partir daqui, no entanto, tenho de apresentar pragmaticamente por um certo trecho. Verificou-se que a idade do menino na época em que a irmã começou suas ações de sedução era de três anos e três meses. Isso aconteceu, como foi dito, na primavera do mesmo ano em cujo outono os pais o encontraram tão radicalmente mudado quando voltaram para casa. Ora, é bastante compreensível relacionar essa mudança com o despertar de sua atividade sexual ocorrido nesse meio-tempo.

Como reagiu o menino às seduções da irmã mais velha? Eis a resposta: com rejeição, mas a rejeição dizia respeito à pessoa, não à coisa. A irmã não o agradava como objeto sexual, provavelmente porque sua relação com ela já estava determinada em sentido hostil graças à competição pelo amor dos pais. Ele se esquivou dela, e as investidas da irmã também logo tiveram um fim. Mas, em vez dela, ele buscou conquistar outra pessoa, mais amada, e as comunicações

---

5. De acordo com o próprio Homem dos Lobos – informam os editores da *Freud-Studienausgabe* –, o poeta era Mikhail Liérmontov (1814-1841), expoente do romantismo russo. (N.T.)

da própria irmã, que tinha apelado ao modelo da niânia, dirigiram sua escolha para esta. Ele começou, portanto, a brincar com seu membro diante da niânia, o que, como em tantos outros casos em que as crianças não ocultam o onanismo, deve ser compreendido como tentativa de sedução. A niânia o decepcionou; ela fez uma cara séria e declarou que aquilo não era bom. Crianças que faziam aquilo, segundo ela, ficavam com uma "ferida" naquele lugar.

O efeito dessa comunicação, que equivalia a uma ameaça, pode ser acompanhado em diferentes direções. Devido a ela, o apego dele à niânia se afrouxou. Ele poderia ter se zangado com ela; mais tarde, quando começaram seus ataques de fúria, também se mostrou que ele realmente estava irritado com ela. Só que era característico dele defender tenazmente contra coisas novas, de início, cada posição libidinal que devia abandonar. Quando a governanta apareceu no cenário e xingou a niânia, expulsando-a do aposento e querendo aniquilar sua autoridade, ele exagerou seu amor pela mulher ameaçada e se comportou de modo recalcitrante e teimoso para com a governanta agressora. Apesar disso, começou a procurar outro objeto sexual em segredo. A sedução tinha lhe dado a meta sexual passiva de ser tocado nos genitais; veremos com quem ele queria conseguir isso e que caminhos o levaram a essa escolha.

Corresponde inteiramente a nossas expectativas quando ouvimos que sua investigação sexual começou com suas primeiras excitações genitais e que ele logo topou com o problema da castração. Nessa época, ele pôde observar duas meninas, sua irmã e uma amiga dela, quando urinavam. Frente a essa visão, sua perspicácia já o poderia ter feito compreender o estado das coisas, mas ele se comportou

III. A SEDUÇÃO E SUAS CONSEQUÊNCIAS IMEDIATAS

como sabemos que outros meninos se comportam. Ele recusou a ideia de estar vendo aí a confirmação da ferida com que a niânia o ameaçara, dando a si mesmo a explicação de que esse era o "traseiro da frente" das meninas. O tema da castração não fora abolido com essa decisão; de tudo o que ouvia, inferia novas alusões a ela. Quando certa vez se distribuía palitos doces coloridos às crianças, a governanta, que era inclinada a fantasias selvagens, declarou que eram pedaços de cobras retalhadas. Depois disso, ele se recorda que o pai certa vez encontrou uma cobra num passeio e a despedaçou com a bengala. Ele ouviu a leitura da história (tirada de *Reineke raposo*) de como o lobo quis apanhar peixes no inverno usando seu rabo como isca, no que o rabo quebrou no gelo.[6] Ele ficou sabendo dos diferentes nomes com que se designam os cavalos conforme a integridade de seus órgãos sexuais. Ele estava, portanto, ocupado com o pensamento da castração, mas ainda não acreditava nela e tampouco a temia. Surgiram-lhe outros problemas sexuais a partir dos contos de fadas que ficou conhecendo por volta dessa época. Em "Chapeuzinho Vermelho" e "Os sete cabritinhos", as crianças eram tiradas do ventre do lobo. Era o lobo portanto um ser feminino, ou homens também podiam ter crianças em seu ventre? Isso ainda não estava decidido nesse momento. De resto, no período dessa investigação ele ainda não tinha medo do lobo.

Uma das comunicações do paciente nos abrirá caminho para compreender a mudança de caráter que, durante a ausência dos pais, nele se destacou em prosseguimento mais

---

6. Goethe, *Reineke raposo*, canto XI. Neste canto, Isegrim, o lobo, se queixa da maldade de Reineke, que havia aconselhado a loba Gieremund, sua esposa, a usar a referida técnica de pesca. (N.T.)

tardio à sedução. Ele conta que abandonou o onanismo logo depois da rejeição e da ameaça da niânia. *Assim, a vida sexual incipiente sob o comando da zona genital tinha sucumbido a uma inibição externa e, devido à influência desta, fora lançada de volta a uma fase anterior de organização pré-genital.* Em consequência da repressão[7] do onanismo, a vida sexual do menino assumiu um caráter sádico-anal. Tornou-se irritável, atormentador, satisfazendo-se desse modo à custa de animais e pessoas. Seu objeto principal era a amada niânia, que ele conseguia martirizar até ela romper em lágrimas. Assim se vingava dela pela rejeição sofrida e satisfazia ao mesmo tempo seu apetite sexual na forma correspondente à fase regressiva. Ele começou a praticar crueldades com pequenos animais, capturar moscas para arrancar-lhes as asas e pisotear besouros; em sua fantasia, também gostava de açoitar grandes animais, como cavalos. Estas eram portanto atividades totalmente ativas, sádicas; num contexto posterior, trataremos das moções anais desse período.

É muito valioso que na memória do paciente também emergissem fantasias simultâneas de gênero inteiramente diferente, em que meninos eram castigados e espancados, especialmente com pancadas no pênis; e, a partir de outras

---

7. Em alemão, *Unterdrückung*. Para o conceito afim de *Verdrängung* usou-se "recalcamento". Sobre a diferença entre ambos, ver *A interpretação dos sonhos* (capítulo 7, seção E [L&PM POCKET 1061, p. 634]): "Aqui, como em outros pontos, há lacunas na elaboração do tema, que deixei de propósito porque seu preenchimento exigiria, por um lado, um esforço muito grande e, por outro, o apoio num material alheio ao sonho. Assim, por exemplo, evitei indicar se dou à palavra 'reprimido' um sentido diferente do que à palavra 'recalcado'. Deveria ter ficado claro que a última acentua com mais força do que a primeira o pertencimento ao inconsciente". (N.T.)

III. A SEDUÇÃO E SUAS CONSEQUÊNCIAS IMEDIATAS

fantasias, que figuravam de que forma o sucessor ao trono era trancando e espancado num cômodo estreito, é fácil depreender para quem esses objetos anônimos serviam de menino de pancadas.[8] O sucessor ao trono era evidentemente ele próprio; na fantasia, o sadismo tinha portanto se voltado contra a própria pessoa e se convertido em masoquismo. O detalhe de que o próprio membro sexual recebia o castigo admite a conclusão de que nessa conversão já participava uma consciência de culpa referente ao onanismo.

Não restou dúvida na análise que essas aspirações passivas tinham surgido ao mesmo tempo ou logo depois das ativo-sádicas.[9] Isso corresponde à *ambivalência* incomumente nítida, intensa e duradoura do doente, que aí se manifestou pela primeira vez no desenvolvimento uniforme dos pares opostos de impulsos parciais. Mesmo mais tarde, esse comportamento permaneceu tão característico dele quanto o outro traço de que, no fundo, nenhuma das posições libidinais alguma vez criadas tenha sido completamente suprimida por uma posterior. Esta permanecia, isso sim, existindo ao lado de todas as outras, permitindo-lhe uma oscilação incessante, que se mostrou inconciliável com a aquisição de um caráter fixo.

As aspirações masoquistas do menino levam a outro ponto, cuja menção coloquei de parte porque ele só pode

---

8. Tradução literal de *Prügelknabe*, termo que designava o menino de origem simples que, em algumas cortes, era criado com o príncipe para receber os castigos que a este coubessem; saco de pancadas, bode expiatório. (N.T.)
9. Entendo por aspirações passivas aquelas com meta sexual passiva, mas não tenho em vista aí, talvez, uma transformação de impulsos, e sim apenas uma transformação de metas.

ser assegurado pela análise da fase seguinte de seu desenvolvimento. Já mencionei que após a rejeição da niânia ele separou dela sua expectativa libidinal, tendo outra pessoa em vista como objeto sexual. Essa pessoa era o pai, então ausente. Ele por certo foi levado a essa escolha por uma conjunção de fatores, também casuais, como a lembrança do despedaçamento da cobra; sobretudo, porém, ele renovou assim sua primeira e mais originária escolha de objeto, que, correspondendo ao narcisismo da criancinha, se consumara pela via da identificação. Já vimos que o pai era seu admirado modelo, que ele, quando perguntado sobre o que queria ser, costumava dar a resposta de que queria ser "um senhor como o pai". Esse objeto de identificação de sua corrente ativa tornou-se agora o objeto sexual de uma corrente passiva na fase sádico-anal. Isso dá a impressão de que a sedução pela irmã o empurrou ao papel passivo e lhe deu uma meta sexual passiva. Sob a influência continuada dessa vivência, ele descreveu então o caminho que parte da irmã, passa pela niânia e chega ao pai, indo da atitude passiva em relação à mulher até a passiva em relação ao homem, nisso encontrando, porém, a ligação com a sua anterior e espontânea fase de desenvolvimento. O pai era agora outra vez seu objeto; a identificação, correspondendo ao maior grau de desenvolvimento, fora substituída pela escolha de objeto; a transformação da atitude ativa em passiva fora o resultado e o indício da sedução entrementes ocorrida. Naturalmente, não teria sido tão fácil adotar uma atitude ativa em relação ao poderosíssimo pai durante a fase sádica. Quando o pai retornou no fim do verão ou no outono, seus ataques de fúria e cenas de raiva encontraram uma nova aplicação. Contra a niânia, eles tinham servido a fins

III. A SEDUÇÃO E SUAS CONSEQUÊNCIAS IMEDIATAS

sádico-ativos; contra o pai, perseguiam intenções masoquistas. Pela demonstração de seu mau comportamento, ele queria arrancar do pai castigo e pancadas, obtendo assim dele a desejada satisfação sexual masoquista. Portanto, seus acessos de gritos eram praticamente tentativas de sedução. Correspondendo à motivação do masoquismo, ao receber tal castigo ele também teria encontrado a satisfação de seu sentimento de culpa. Uma recordação lhe conservou como, durante uma dessas cenas de mau comportamento, ele intensificou seus gritos tão logo o pai se aproximou. Mas o pai não o espanca, antes busca apaziguá-lo jogando bola diante dele com as almofadas da caminha.

Não sei com que frequência, face ao mau comportamento inexplicável da criança, os pais e educadores teriam ocasião de se lembrar dessa concatenação típica. A criança que se comporta de modo tão intratável está fazendo uma confissão e quer provocar a punição. No castigo, ela busca simultaneamente o apaziguamento de sua consciência de culpa e a satisfação de sua aspiração sexual masoquista.

Devemos o esclarecimento subsequente de nosso caso clínico à lembrança, surgida com grande precisão, de que apenas a partir de certo acontecimento todos os sintomas de medo se somaram aos sinais da mudança de caráter. Antes dele, não havia medo, e imediatamente após, o medo se manifestou de forma torturante. O momento dessa mudança pode ser indicado com segurança: foi pouco antes do aniversário de quatro anos. Graças a esse ponto de referência, o período da infância com que queríamos nos ocupar se divide em duas fases: a primeira, de mau comportamento e perversidade, indo da sedução aos três anos e três meses até o aniversário de quatro anos, e uma fase seguinte mais longa, em que predominam os sinais da neurose. O acontecimento que permite essa separação, porém, não foi um trauma externo, e sim um sonho do qual ele acordou com medo.

IV

O SONHO E A CENA PRIMORDIAL[1]

Já publiquei esse sonho em outro lugar[2] por conter material de contos de fadas, e, de início, vou repetir o que comuniquei nessa ocasião:

> "*Sonhei que era noite e que estava deitado em minha cama (os pés da cama estavam voltados para a janela, diante da janela havia um renque de velhas nogueiras. Sei que quando eu sonhava era inverno, e de noite). De repente, a janela se abre por si mesma e vejo com grande susto que há alguns lobos brancos sentados na grande nogueira diante da janela. Eram seis ou sete. Os lobos eram completamente brancos e mais pareciam raposas ou cães pastores, pois tinham rabos grandes como raposas, e suas orelhas estavam em pé como nos cães que prestam atenção a alguma coisa. Com muito medo, evidentemente de ser devorado pelos lobos, dei um grito e acordei. Minha babá veio correndo à minha cama para ver o que me acontecera. Demorou um bom tempo até eu me convencer de que fora só um sonho, tão natural e nítida me parecera a*

---

1. "Cena primordial" traduz *Urszene*. O uso de "cena primária" é dúbio, pois parece subentender uma "cena secundária", como no caso do *Primärvorgang* (processo primário) e do *Sekundärvorgang* (processo secundário) que tomam parte na formação dos sonhos. "Primordial" parece mais adequado por evocar coisas remotas, há muito esquecidas, envoltas nas brumas do tempo, perdidas numa espécie de era mítica de formação da psique, e que, ainda assim, ou talvez por isso mesmo, exercem influência decisiva sobre a vida do indivíduo. (N.T.)
2. "Material de contos de fadas em sonhos" (1913 *d*).

imagem da janela se abrindo e dos lobos sentados na árvore. Por fim me acalmei, senti como se tivesse me livrado de um perigo e adormeci outra vez.

"A única ação no sonho foi a abertura da janela, pois os lobos estavam sentados inteiramente quietos, sem fazer qualquer movimento, nos galhos da árvore, à direita e à esquerda do tronco, e me encaravam. Era como se tivessem dirigido toda atenção para mim. – Acho que esse foi meu primeiro sonho de medo.[3] Na época, eu tinha três,

---

3. "Sonho de medo" (ou "sonho fóbico") é a tradução literal de *Angsttraum*, termo que em contextos não psicanalíticos costuma ser vertido simplesmente por "pesadelo". Ainda que o termo *Angst* admita a tradução por "angústia", inclusive favorecida pelo parentesco etimológico, o afeto em questão se dirige aqui, e ao longo de todo o texto, a objetos bem específicos – estamos inequivocamente no terreno das fobias, de modo que não faria sentido afirmar, por exemplo, que o menino sentiu "angústia do lobo", conclusão também estendida a substantivos compostos como *Angsttraum*. (N.T.)

IV. O SONHO E A CENA PRIMORDIAL

quatro, no máximo cinco anos. Desde então, até meus onze ou doze anos, sempre tive medo de ver algo terrível em sonhos."

Depois ele ainda faz um desenho da árvore com os lobos, confirmando sua descrição. A análise do sonho traz à luz o material que segue.

Ele sempre relacionou esse sonho com a lembrança de que nesses anos de infância ele tinha um medo absolutamente monstruoso da ilustração de um lobo num livro de histórias. A irmã, mais velha e bem superior a ele, costumava atormentá-lo mostrando-lhe, sob qualquer pretexto, justamente essa imagem, ao que ele começava a gritar horrorizado. Nessa imagem, o lobo estava em pé, dando um passo à frente, as patas estendidas e as orelhas em pé. Ele acredita que essa imagem servia de ilustração ao conto "Chapeuzinho Vermelho".

Por que os lobos são brancos? Isso o faz pensar nas ovelhas, das quais se criavam grandes rebanhos nas vizinhanças da propriedade. O pai o levava ocasionalmente para visitar esses rebanhos, o que sempre o deixava muito orgulhoso e feliz. Mais tarde – conforme informações colhidas, isso pode facilmente ter ocorrido pouco antes da época desse sonho – estourou uma epidemia entre essas ovelhas. O pai ordenou a vinda de um discípulo de Pasteur, que vacinou os animais, mas após a vacinação eles morreram em número ainda maior do que antes.

Como os lobos vão parar na árvore? A propósito disso, ocorre-lhe uma história que ouviu o avô contar. Ele não consegue se recordar se foi antes ou depois do sonho, mas o seu conteúdo fala resolutamente a favor da primeira alternativa. Eis a história: um alfaiate está sentado em sua sala, trabalhando, quando a janela se abre e um lobo salta para dentro. O alfaiate bate-lhe com a régua – não, corrige-se, agarra-o pelo rabo e arranca este fora, de modo que o lobo foge dali assustado. Um tempo depois, o alfaiate está caminhando pela floresta quando vê de repente uma matilha de lobos se aproximando, dos quais se refugia no alto de uma árvore. De início, os lobos ficam perplexos, mas o mutilado, que está entre eles e quer se vingar do alfaiate, sugere que um suba no outro até que o último tenha alcançado o alfaiate. Ele próprio – é um velho robusto – quer formar a base dessa pirâmide. É o que fazem os lobos, mas o alfaiate reconhece o visitante castigado e exclama repentinamente como fizera daquela vez: "Peguem o cinzento pelo rabo!". O lobo sem rabo se assusta com essa lembrança, foge dali, e todos os outros se estatelam no chão.

Nessa narrativa encontra-se a árvore em que, no sonho, os lobos estão sentados. Mas ela também contém uma ligação inequívoca com o complexo de castração. O *velho* lobo foi privado do rabo pelo alfaiate. Os rabos de raposa dos lobos do sonho decerto são compensações para essa ausência de rabo.

Por que são seis ou sete lobos? Essa questão não parecia passível de resposta até que coloquei em dúvida se a imagem amedrontadora se referia ao conto da Chapeuzinho Vermelho. Esse conto apenas dá ensejo a duas ilustrações, o encontro da Chapeuzinho Vermelho com o lobo na floresta e a cena em que o lobo está deitado na cama com a touca da avó. Portanto, outro conto devia se ocultar por trás da lembrança da imagem. O paciente logo descobriu que só poderia ser a história "O lobo e os sete cabritinhos". Aí se

IV. O sonho e a cena primordial

encontra o número sete, mas também o seis, pois o lobo devora apenas seis cabritinhos, o sétimo se esconde na caixa do relógio. A cor branca também aparece nessa história, pois o lobo obriga o padeiro a embranquecer sua pata depois que os cabritinhos o reconheceram pela pata cinzenta quando de sua primeira visita. Ambos os contos, aliás, têm muito em comum. Em ambos há o devoramento, o corte da barriga, a retirada das pessoas devoradas, sua substituição por pesadas pedras e, por fim, em ambos morre o lobo mau. No conto dos cabritinhos também aparece a árvore. Após a refeição, o lobo se deita sob uma árvore e ronca.

Devido a uma circunstância especial, ainda terei de me ocupar desse sonho mais adiante e, então, interpretá-lo e apreciá-lo mais a fundo. Afinal, ele é um primeiro sonho de medo recordado da infância, cujo conteúdo, relacionado com outros sonhos que ocorreram logo depois e com certos acontecimentos da infância do sonhador, desperta um interesse de tipo bem especial. Aqui nos limitamos à relação do sonho com dois contos que têm muito em comum, "Chapeuzinho Vermelho" e "O lobo e os sete cabritinhos". A impressão deixada por esses contos manifestou-se no sonhador infantil numa verdadeira zoofobia, que apenas se distinguia de outros casos parecidos pelo fato de o animal amedrontador não ser um objeto facilmente acessível à percepção (como um cavalo e um cachorro, por exemplo), mas conhecido apenas a partir de uma narrativa e um livro ilustrado.

Noutra ocasião, apresentarei a explicação para essas zoofobias e que significado lhes compete. Observo apenas, antecipando, que essa explicação se harmoniza muito bem com o caráter principal que a neurose do sonhador revelou em momentos posteriores da vida. O medo do pai havia sido o mais forte motivo de seu adoecimento, e a atitude ambivalente em relação a todos os substitutos paternos dominou sua vida como também sua conduta no tratamento.

Se o lobo foi apenas o primeiro substituto paterno no caso de meu paciente, surge a questão de saber se os contos do lobo que devora os cabritinhos e da Chapeuzinho Vermelho têm algum outro conteúdo oculto senão o medo infantil do pai.[4] Aliás, o pai de meu paciente tinha a peculiaridade do "xingamento carinhoso", que tantas pessoas mostram no trato com seus filhos, e a ameaça jocosa "vou te devorar" pode ter sido expressada mais de uma vez naqueles primeiros anos em que o pai, mais tarde severo, costumava brincar e falar afetuosamente com o filho pequeno. Uma de minhas pacientes me contou que seus dois filhos nunca se afeiçoaram ao avô porque em suas brincadeiras carinhosas ele costumava assustá-los dizendo que abriria suas barrigas com um talho.

Deixemos agora de lado tudo o que nesse artigo antecipa o aproveitamento do sonho e retornemos à sua interpretação mais imediata. Quero observar que essa interpretação foi uma tarefa cuja solução se arrastou por vários anos. O paciente tinha comunicado o sonho bastante cedo, aceitando bem logo minha convicção de que por trás dele se ocultava a causa de sua neurose infantil. Voltamos com frequência ao sonho no decorrer do tratamento, mas

---

4. Ver a semelhança, destacada por O. Rank, desses dois contos com o mito de Cronos (1912).

IV. O sonho e a cena primordial

apenas em seus últimos meses foi possível compreendê-lo na íntegra, e isso graças ao trabalho espontâneo do paciente. Ele sempre tinha destacado que dois elementos do sonho lhe causaram a maior impressão: em primeiro lugar, o completo silêncio e imobilidade dos lobos, e, em segundo, a atenção tensa com que todos eles o encaravam. Também lhe parecia notável a duradoura sensação de realidade com que o sonho terminara.

Queremos partir desse último elemento. Sabemos pela experiência da interpretação de sonhos que a essa sensação de realidade compete um significado determinado. Ela nos assegura que algo no material latente do sonho reclama o direito à realidade na memória, ou seja, que o sonho se refere a um acontecimento que realmente ocorreu e não foi meramente fantasiado. Naturalmente, só pode se tratar da realidade de algo desconhecido; a convicção, por exemplo, de que o avô realmente contou a história do alfaiate e do lobo, ou que realmente leram para ele os contos da Chapeuzinho Vermelho e dos sete cabritinhos, nunca poderia ser substituída pela sensação de realidade deixada pelo sonho. Este parecia apontar para um acontecimento cuja realidade é acentuada justamente em oposição à irrealidade dos contos de fadas.

Se cabia supor por trás do conteúdo do sonho tal cena desconhecida, isto é, já esquecida na época do sonho, ela decerto acontecera muito cedo. Afinal, o sonhador diz: "Quando tive o sonho, eu tinha três, quatro, no máximo cinco anos". Podemos acrescentar: "E fui lembrado pelo sonho de algo que deve remontar a uma época ainda mais antiga".

O que o sonhador destacou no conteúdo onírico manifesto, os elementos do encarar atento e da ausência de movimento, tinha de conduzir ao conteúdo dessa cena. Naturalmente, esperamos que esse material nos devolva, numa distorção qualquer, o material desconhecido da cena, talvez até numa distorção em seu oposto.

Da matéria-prima resultante da primeira análise com o paciente cabia extrair igualmente várias conclusões a serem inseridas no contexto buscado. Por trás da menção da criação de ovelhas cabia buscar as provas de sua investigação sexual, cujos interesses podia satisfazer em suas visitas com o pai, mas aí também deveriam existir indícios de medo da morte, pois a maior parte das ovelhas tinha morrido na epidemia. O que era mais importante no sonho, os lobos na árvore, levou diretamente à narrativa do avô, na qual o elemento cativante e estimulador do sonho dificilmente poderia ter sido outra coisa senão a ligação com o tema da castração.

Além disso, inferimos da primeira análise incompleta do sonho que o lobo seria um substituto paterno, de modo que esse primeiro sonho de medo teria trazido à luz aquele medo do pai que, a partir de então, dominaria sua vida. Essa conclusão mesma, porém, ainda não era obrigatória. No entanto, se reunirmos como resultado da análise provisória o que se deriva do material fornecido pelo sonhador, temos diante de nós aproximadamente os seguintes fragmentos para efetuar uma reconstrução:

Um acontecimento real – de uma época bastante antiga – olhar – imobilidade – problemas sexuais – castração – o pai – algo terrível.

IV. O sonho e a cena primordial

Certo dia, o paciente começou a dar prosseguimento à interpretação do sonho. Ele achava que o trecho do sonho que diz: "De repente, a janela se abre por si mesma" não era inteiramente explicado pela relação com a janela junto à qual o alfaiate está sentado e pela qual o lobo entra na sala. O significado é decerto este: "Os olhos se abrem de repente. Ou seja, estou dormindo e acordo de repente, quando vejo alguma coisa: a árvore com os lobos". Nada havia a objetar aí, mas isso permitia um maior aproveitamento. Ele tinha acordado e visto alguma coisa. O olhar atento, que no sonho é atribuído aos lobos, deve, antes, ser imputado a ele próprio. Aí tinha ocorrido uma inversão num ponto decisivo, que, aliás, se anuncia por outra inversão no conteúdo onírico manifesto. Também era uma inversão, afinal, os lobos estarem sentados na árvore, enquanto na narrativa do avô se encontravam abaixo, sem conseguir subir nela.

E se o outro elemento acentuado pelo sonhador também tivesse sido distorcido por uma inversão ou virada? Então, em vez de imobilidade (os lobos estão ali sentados, imóveis, olham para ele, mas não se mexem), teria de ser: o mais impetuoso movimento. Ou seja, ele acordou de repente e viu diante de si uma cena de impetuosa agitação, que observou atenta e tensamente. Num dos casos, a distorção consistiria numa troca entre sujeito e objeto, atividade e passividade, ser olhado em vez de olhar; no outro caso, numa transformação em seu oposto: quietude em vez de agitação.

A seguinte ideia, surgida subitamente, trouxe noutra ocasião mais um progresso na compreensão do sonho: a árvore é a árvore de Natal. Agora ele sabia que o sonho fora sonhado pouco antes do Natal, em meio à expectativa natalina. Visto que o dia de Natal também era o de seu aniversário, foi possível determinar com segurança o momento do sonho e da mudança dele oriunda. Foi pouco antes do seu quarto aniversário. Ele tinha adormecido, portanto, na tensa expectativa do dia que devia lhe trazer um duplo presente. Sabemos que, sob tais circunstâncias, a criança facilmente antecipa a realização de seus desejos em sonho. Assim, já era Natal no sonho, o conteúdo do sonho mostrou-lhe seus presentes, e da árvore pendiam aqueles que lhe foram destinados. Mas, em lugar dos presentes, estes se transformaram em... lobos, e o sonho terminou com ele sentindo medo de ser devorado pelo lobo (pelo pai, provavelmente) e buscando refúgio junto à babá. O conhecimento de seu desenvolvimento sexual anterior ao sonho torna-nos possível preencher a lacuna do sonho e esclarecer a transformação da satisfação em medo. Entre os desejos formadores do sonho, o mais forte a se manifestar deve ter sido o de satisfação sexual, que na época ele almejava obter do pai. A força desse desejo conseguiu refrescar a marca mnêmica, há muito esquecida, de uma cena que pôde lhe mostrar o tipo de satisfação sexual proporcionada pelo pai, e o resultado foi susto, horror à realização desse desejo, recalcamento da moção que se figurara mediante esse desejo e, por isso, a fuga para longe do pai rumo à babá, mais inofensiva.

O significado dessa data natalina se conservara na suposta lembrança de que ele tivera o primeiro ataque de raiva porque ficara insatisfeito com os presentes de Natal. A lembrança tinha reunido coisas corretas e falsas, ela não podia ter razão sem fazer modificações, pois, segundo as declarações frequentemente repetidas dos pais, seu mau comportamento já fora notado após eles retornarem de viagem, no outono, e não apenas no Natal, mas o essencial das relações entre a satisfação amorosa insuficiente, a raiva e a época natalina se conservara na memória.

IV. O sonho e a cena primordial

Mas que imagem a ânsia sexual, agindo noturnamente, poderia ter invocado que fosse capaz de dissuadir de modo tão intenso da desejada realização? Essa imagem, conforme o material da análise, tinha de preencher uma condição, ela tinha de ser apropriada para fundamentar a convicção da existência da castração. O medo da castração tornou-se, então, o motor da transformação de afetos.

E aqui vem o trecho em que preciso abandonar o apoio no transcurso da análise. Temo que também seja o trecho em que me abandonará a crença do leitor.

O que foi ativado naquela noite, do caos das marcas inconscientes de impressões, foi a imagem de um coito entre os pais, sob circunstâncias não muito usuais e especialmente favoráveis à observação. Foi possível, pouco a pouco, obter respostas satisfatórias para todas as perguntas que podiam se relacionar com essa cena, pois aquele primeiro sonho retornou no decorrer do tratamento em incontáveis variações e reedições, para as quais a análise forneceu os desejados esclarecimentos. Assim, verificou-se em primeiro lugar a idade da criança quando fez essa observação, mais ou menos um ano e meio.[5] Na época, ele padecia de malária, cujos acessos retornavam diariamente numa hora determinada.[6] A partir dos dez anos, ele estava sujeito de tempos em tempos a humores depressivos, que começavam à tarde e atingiam seu ápice por volta das cinco horas. Esse sintoma ainda persistia na época do tratamento analítico.

---

5. Com probabilidade muito menor, na verdade dificilmente sustentável, também se poderia considerar a idade de seis meses.
6. Ver as posteriores modificações desse elemento na neurose obsessiva. Nos sonhos durante o tratamento, substituição por um vento forte (*aria* = ar).

A depressão recorrente substituiu o acesso de febre ou fraqueza daquela época; o horário das cinco da tarde era ou o momento do auge da febre ou o da observação do coito, se é que os dois momentos não coincidem.[7] É provável que se encontrasse no quarto dos pais justamente devido a essa doença. Esse adoecimento, também confirmado via tradição direta, nos sugere situar o ocorrido no verão e, assim, supor que o menino nascido no Natal tivesse uma idade de n + 1½. Ele estava, portanto, dormindo no quarto dos pais em sua caminha e acordou, talvez em consequência da febre crescente, à tarde, talvez por volta das cinco horas, horário posteriormente marcado pela depressão. Harmoniza-se com a hipótese de um dia quente de verão que os pais tenham se recolhido, meio despidos[8], para tirar a soneca da tarde. Quando ele acordou, tornou-se testemunha de um *coitus a tergo* [coito por trás] três vezes repetido[9], pôde ver tanto os genitais da mãe quanto o membro do pai e compreendeu tanto o processo quanto seu significado.[10] Por fim, ele perturbou a relação dos pais de uma maneira da qual se tratará mais adiante.

---

7. Relacionemos com isso o fato de o paciente ter desenhado apenas *cinco* lobos para ilustrar seu sonho, embora o texto deste fale de seis ou sete.
8. De roupas brancas, os lobos *brancos*.
9. De onde três vezes? Em dada ocasião, ele afirmou repentinamente que eu tinha descoberto esse detalhe mediante interpretação. Isso não era correto. Fora uma ideia espontânea, não submetida a maiores críticas, que ele, conforme seu costume, atribuiu a mim e tornou confiável mediante essa projeção.
10. Quero dizer, compreendeu-o na época do sonho, aos quatro anos, e não no momento da observação. Com um ano e meio, ele obteve as impressões cuja compreensão *a posteriori* lhe foi possibilitada na época do sonho mediante seu desenvolvimento, sua excitação sexual e suas investigações sexuais.

IV. O sonho e a cena primordial

No fundo, não é nada extraordinário, não dá a impressão de ser o produto de uma fantasia extravagante, o fato de um casal jovem, casado há poucos anos, manter relações afetuosas depois de uma soneca da tarde durante um verão quente e, nisso, não levar em conta a presença do menininho de um ano e meio que dorme em sua caminha. Quero dizer, antes, que isso seria algo extremamente banal, cotidiano, e mesmo a posição inferida do coito nada pode mudar nesse juízo. Especialmente porque do material probatório não se conclui que o coito fora realizado todas as vezes na posição por trás. Uma única vez, afinal, teria bastado para dar ao espectador a oportunidade para observações que, dada outra posição dos amantes, teriam sido dificultadas ou excluídas. O conteúdo mesmo dessa cena não pode, portanto, ser um argumento contra sua credibilidade. A ressalva de improbabilidade irá se dirigir contra três outros pontos: contra o fato de uma criança, na tenra idade de um ano e meio, ser capaz de assimilar a percepção de um processo tão complicado e conservá-la tão fielmente em seu inconsciente; em segundo lugar, contra o fato de aos quatro anos ser possível uma elaboração, que chegue a ser compreendida *a posteriori*, das impressões assim recebidas; e, por fim, contra o fato de ser possível, mediante algum procedimento, tornar conscientes, de modo coerente e convincente, os pormenores de tal cena, vivenciada e compreendida sob tais circunstâncias.[11]

---

11. Não podemos atenuar a primeira dessas dificuldades mediante a suposição de que na época da observação a criança provavelmente fosse um ano mais velha, ou seja, tivesse dois anos e meio, época em que eventualmente já estaria em plena posse da faculdade da fala. Para meu paciente, tal deslocamento temporal estava quase excluído devido a todas as circunstâncias secundárias de seu caso. De resto, consideremos que tais cenas de observação do coito parental de forma alguma são descobertas raras na análise. Sua condição, porém, é (continua)

Examinarei essas e outras ressalvas cuidadosamente mais adiante, mas garanto ao leitor que não tenho uma atitude menos crítica que a sua em relação à hipótese de tal observação feita pela criança, pedindo-lhe para decidir-se, junto comigo, a acreditar *provisoriamente* na realidade dessa cena. De início, queremos prosseguir no estudo das relações dessa "*cena primordial*" com o sonho, os sintomas e a história de vida do paciente. Acompanharemos separadamente que efeitos se derivaram do conteúdo essencial da cena e de uma de suas impressões visuais.

Com tal impressão, refiro-me às posições que ele viu os pais adotarem, a posição ereta do homem e a posição curvada, animalesca, da mulher. Já vimos que durante o período da fobia a irmã costumava assustá-lo com a imagem do livro de histórias, no qual o lobo estava representado ereto, um pé à frente, as patas estendidas e as orelhas em pé. Durante o tratamento, ele não se poupou o trabalho de pesquisar em sebos até reencontrar o livro de histórias ilustrado de sua infância, reconhecendo a imagem aterrorizadora numa ilustração da história "O lobo e os sete cabritinhos". Ele achou que a posição do lobo nessa imagem teria podido lembrá-lo da posição do pai durante a cena primordial construída. Essa imagem, em todo caso, tornou-se o ponto de partida para outros efeitos fóbicos. Quando, certa vez, aos sete ou oito anos de idade, recebeu a notícia de que no dia seguinte teria um novo professor, sonhou naquela noite que esse professor era um leão que, rugindo alto, se aproximava de sua cama na mesma postura do lobo daquela imagem, o que o fez acordar outra vez com medo. Nessa época, a

---

(cont.) justamente recair na mais tenra infância. Quanto mais velha for a criança, mais cuidadosamente os pais de certo nível social vedarão à criança a possibilidade de tal observação.

IV. O SONHO E A CENA PRIMORDIAL

fobia de lobos já estava superada, razão pela qual ele tinha a liberdade para escolher um novo animal amedrontador, e reconheceu nesse sonho posterior que o professor era um substituto do pai. Nos seus posteriores anos de infância, cada um de seus professores representou o mesmo papel paterno e, para o bem e para o mal, foi dotado da influência paterna.

O destino o presenteou com uma oportunidade curiosa para refrescar sua fobia de lobos na época do ginásio e fazer da relação na base dela o ponto de partida de graves inibições. O professor responsável pelo ensino de latim em sua classe se chamava *Wolf* [lobo]. Desde o início estava intimidado por sua pessoa, recebendo dele certa vez uma séria reprimenda por ter cometido um erro bobo numa tradução do latim, não se livrando mais desde então de um medo paralisante desse professor, que logo se transferiu a outros. Mas o ensejo do tropeço na tradução tampouco era desprovido de relações. Ele tinha de traduzir a palavra latina *filius* [filho], e o fez com o francês *fils* em vez da palavra correspondente da língua materna. O lobo simplesmente ainda era o pai.[12]

O primeiro dos "sintomas passageiros"[13] que o paciente produziu no tratamento ainda remontava à fobia de lobos

---

12. Depois dessa reprimenda do lobo-professor, ele soube que, segundo a opinião geral dos colegas, o professor esperava... dinheiro dele como apaziguamento. Voltaremos a isso mais adiante. – Posso imaginar que alívio significaria para uma consideração racionalista de tal história infantil se fosse possível supor que todo o medo do lobo provinha na realidade do professor de latim de mesmo nome, que esse medo fora projetado de volta para a infância e, apoiando-se na ilustração do conto de fadas, tinha causado a fantasia da cena primordial. Só que isso é insustentável; a prioridade temporal da fobia de lobos e sua localização nos anos de infância na primeira propriedade está atestada com bastante segurança. E o sonho aos quatro anos?
13. Ferenczi (1912).

e ao conto dos sete cabritinhos. Na sala em que tivemos as primeiras sessões havia um grande relógio de parede diante do paciente, que, de costas para mim, ficava deitado num divã. Chamou minha atenção que, de tempos em tempos, ele voltasse o rosto para mim, olhando-me muito amistosamente, de uma maneira como que apaziguadora, e então dirigisse o olhar para o relógio. Na época, achei que dessa forma ele dava um sinal de seu anseio pelo fim da sessão. Muito tempo depois o paciente me lembrou desse gestual e me deu a sua explicação ao recordar que o mais novo dos sete cabritinhos encontrou um esconderijo na caixa do relógio de parede, enquanto os seis irmãos foram devorados pelo lobo. Ele queria portanto dizer naquela época: "Seja bom comigo. Preciso ter medo de ti? Vais me devorar? Será que devo me esconder de ti na caixa do relógio, como fez o cabritinho mais novo?".

O lobo do qual ele tinha medo era sem dúvida o pai, mas esse medo de lobos estava ligado à condição da postura ereta. Sua lembrança afirmava com grande exatidão que imagens do lobo andando sobre as quatro patas ou, como no conto da Chapeuzinho Vermelho, deitado na cama, não o tinham assustado. Não era menor a importância da postura que ele, segundo nossa construção da cena primordial, tinha visto a mulher adotar; essa importância, porém, ficou restrita ao âmbito sexual. O fenômeno mais chamativo de sua vida amorosa após a maturidade eram ataques de apaixonamento sensual obsessivo, que surgiam numa sequência enigmática e em seguida desapareciam, que desencadeavam nele uma energia gigantesca, mesmo em períodos com outras inibições, e estavam completamente fora de seu controle. Ainda preciso adiar a apreciação plena desses amores obsessivos devido a um nexo especialmente valioso, mas posso dizer aqui que eles estavam ligados a determinada condição,

IV. O SONHO E A CENA PRIMORDIAL

oculta à sua consciência, que somente foi possível revelar no tratamento. A mulher precisava assumir a posição que atribuímos à mãe na cena primordial. Desde a puberdade, ele achava que as nádegas grandes e chamativas eram o atrativo mais forte da mulher; outro tipo de coito que não o por trás mal lhe dava prazer. É verdade que a ponderação crítica está justificada em objetar aqui que tal preferência sexual pelas partes corporais posteriores é uma característica geral das pessoas com tendência à neurose obsessiva e não autoriza a derivação a partir de uma impressão especial da infância. Ela pertenceria à estrutura da disposição erótico-anal e àqueles traços arcaicos que distinguem essa constituição. Por certo se pode considerar a cópula por trás – *more ferarum* [ao modo das feras] – como a forma filogeneticamente mais antiga. Também retornaremos a esse ponto numa discussão posterior, quando tivermos acrescentado o material relativo à condição amorosa inconsciente do paciente.

Prossigamos agora na discussão das relações entre o sonho e a cena primordial. Segundo as expectativas que tivemos até agora, o sonho deveria mostrar à criança, que se alegra com a realização de seus desejos por ocasião do Natal, a imagem da satisfação sexual proporcionada pelo pai, tal como o menino a tinha visto naquela cena primordial, como modelo da satisfação que ele próprio anseia do pai. Em lugar dessa imagem, porém, surge o material da história que o avô tinha contado pouco antes: a árvore, os lobos, a ausência de rabo sob a forma de supercompensação nos rabos peludos dos supostos lobos. Falta-nos aqui um nexo, uma ponte associativa que leve do conteúdo da história primordial ao da história do lobo. Essa ligação é dada mais uma vez pela posição, e apenas por ela. Na narrativa do avô, o lobo sem rabo encoraja os outros *a subirem nele.*

Esse detalhe despertou a lembrança da imagem da cena primordial; por essa via, o material da cena primordial pôde ser representado pelo material da história do lobo e, ao mesmo tempo, a duplicidade dos pais podia ser desejavelmente substituída pela multiplicidade dos lobos. O conteúdo onírico experimentou mais uma mudança quando o material da história do lobo se adaptou ao conteúdo do conto dos sete cabritinhos, emprestando dele o número sete.[14]

A transformação do material: cena primordial – história do lobo – conto dos sete cabritinhos, é o reflexo do progresso dos pensamentos durante a formação do sonho: anseio pela satisfação sexual proporcionada pelo pai – reconhecimento da condição da castração, a ela ligada – medo do pai. Acho que o sonho de medo do menino de quatro anos só agora está completamente esclarecido.[15]

---

14. Seis ou sete, consta no sonho. Seis é o número dos filhos devorados, o sétimo se salva na caixa do relógio. Permanece como lei rigorosa da interpretação dos sonhos que todo detalhe encontre sua explicação.

15. Depois de termos conseguido fazer a síntese desse sonho, quero fazer a tentativa de apresentar claramente as relações do conteúdo onírico manifesto com os pensamentos oníricos latentes.
É noite, estou deitado em minha cama. Este último elemento é o começo da reprodução da cena primordial. "É noite" é a distorção de: eu tinha dormido. A observação: "Sei que era inverno quando sonhei, e à noite", refere-se à lembrança do sonho, não faz parte de seu conteúdo. Ela está correta; era uma das noites antes do aniversário, isto é, do Natal.
De repente, a janela se abre por si mesma. A traduzir por: "De repente, acordo por conta própria", uma lembrança da cena primordial. A influência da história do lobo, na qual este salta para dentro pela janela, impõe-se de maneira modificadora e transforma a expressão direta numa expressão figurada. Ao mesmo tempo, a introdução da janela serve para acomodar no presente o conteúdo onírico que segue. Na noite de Natal, a porta se abre de súbito, e a criança vê diante de si a árvore com os presentes. Aqui se faz valer, portanto, a influência da expectativa natalina atual, que inclui a satisfação sexual. (continua)

IV. O sonho e a cena primordial

Depois de tudo o que já foi tocado até aqui, posso ser breve acerca do efeito patogênico da cena primordial e da

---

(cont.) *A grande nogueira.* Substituto da árvore de Natal, ou seja, algo atual: além disso, a árvore da história do lobo, na qual o alfaiate perseguido se refugia, sob a qual os lobos espreitam. A árvore alta, conforme pude me convencer com frequência, também é um símbolo da observação, do voyeurismo. Quando se está sentado sobre a árvore, pode-se ver tudo o que se passa abaixo sem ser visto. Ver a conhecida história de Boccaccio [*Decameron*, Sétima jornada, Nona novela] e anedotas parecidas.

Os lobos. Seu número: *seis ou sete.* Na história do lobo, trata-se de uma matilha sem número especificado. A determinação do número mostra a influência do conto dos sete cabritinhos, dos quais seis são devorados. A substituição do número dois da cena primordial por uma multiplicidade, que seria absurda nessa cena, é bem-vinda à resistência como meio de distorção. No desenho feito para ilustrar o sonho, o sonhador deu expressão ao número cinco, que provavelmente corrige a indicação "Era noite".

Eles estão sentados na árvore. Eles substituem, em primeiro lugar, os presentes de Natal que pendem da árvore. Mas também são situados sobre a árvore, pois isso pode significar que eles observam. Na história do avô, eles ficam embaixo, em volta da árvore. Sua relação com a árvore foi, portanto, invertida no sonho, donde cabe concluir que no conteúdo onírico ainda aparecem outras inversões do material latente.

Eles o encaram atenta e tensamente. Esse traço entrou no sonho oriundo inteiramente da cena primordial, ao custo de uma inversão total.

Eles são inteiramente brancos. Esse traço em si mesmo desimportante, fortemente ressaltado na narrativa do sonhador, deve sua intensidade a uma vasta fusão de elementos oriundos de todas as camadas do material, e reúne, em seguida, detalhes secundários das outras fontes do sonho com um fragmento mais significativo da cena primordial. Essa última determinação decerto provém da brancura das roupas de cama e das roupas de baixo dos pais, somada ao branco dos rebanhos de ovelhas e dos cães pastores como alusão a suas investigações sexuais em animais, e ao brancor no conto dos sete cabritinhos, no qual a mãe é reconhecida pela brancura de sua mão. Mais adiante, também compreenderemos as roupas brancas como alusão à morte. (continua) mudança que o despertar dela produz no desenvolvimento sexual do paciente. Seguiremos apenas aquele efeito ao qual

(cont.) *Eles estão ali sentados, imóveis.* Com isso se contradiz o conteúdo mais chamativo da cena observada; a agitação, que, pela posição à qual leva, produz a ligação entre a cena primordial e a história do lobo.
Eles têm rabos como raposas. Isso deve contradizer um resultado que foi obtido a partir da influência da cena primordial sobre a história do lobo e que cabe reconhecer como a conclusão mais importante da investigação sexual: "Então realmente existe uma castração". O susto com que é recebido esse resultado de seus pensamentos finalmente abre caminho no sonho e produz seu fim.
O medo de ser devorado pelos lobos. Ao sonhador, este não pareceu ser motivado pelo conteúdo onírico. Ele disse: "Eu não precisava ter medo, pois os lobos mais pareciam raposas ou cães, tampouco se lançaram sobre mim como se fossem me morder, mas estavam muito quietos e de forma alguma eram assustadores". Reconhecemos que o trabalho do sonho se esforçou por algum tempo em tornar inofensivos os conteúdos desagradáveis mediante transformação em seu oposto. (Eles não se movem, chegam a ter belíssimos rabos.) Até que por fim esse recurso fracassa, e o medo irrompe. Este se expressa com a ajuda do conto em que os filhos-cabritinhos são devorados pelo pai-lobo. Possivelmente, esse conteúdo do conto tenha inclusive recordado ameaças jocosas do pai quando brincava com o filho, de maneira que o medo de ser devorado pelo lobo poderia ser tanto uma reminiscência quanto um substituto por deslocamento.
Os motivos de desejo desse sonho são palpáveis; aos superficiais desejos diurnos de que o Natal com os seus presentes já tivesse chegado (sonho de impaciência), junta-se o desejo mais profundo, permanente por volta dessa época, de receber a satisfação sexual proporcionada pelo pai, desejo que de início é substituído pelo de rever o que outrora fora tão cativante. Então o processo psíquico transcorre da realização desse desejo na invocada cena primordial até a rejeição dele, agora inevitável, e o recalcamento.
A extensão e o detalhamento da exposição à qual sou obrigado pelo esforço de oferecer ao leitor um equivalente qualquer da força probatória de uma análise praticada pessoalmente poderão ao mesmo tempo dissuadi-lo de exigir a publicação de análises que se estenderam ao longo de vários anos.

IV. O sonho e a cena primordial

o sonho dá expressão. Mais tarde teremos de esclarecer a nós mesmos que não foi só uma única corrente sexual que partiu da cena primordial, e sim toda uma série delas, um verdadeiro estilhaçamento da libido. Além disso, veremos que a ativação dessa cena (evito intencionalmente a palavra *lembrança*) tem o mesmo efeito que teria se fosse uma vivência recente. A cena atua *a posteriori*, e entretanto, no intervalo entre um ano e meio e quatro anos, nada perdeu de seu frescor. Talvez encontremos a seguir mais um ponto de apoio para o fato de ela ter exercido determinados efeitos já na época de sua percepção, ou seja, a partir de um ano e meio.

Quando o paciente se aprofundou na situação da cena primordial, trouxe à luz as seguintes autopercepções: ele tinha suposto anteriormente que o processo observado era um ato violento, só que não se harmonizava com isso a cara de contentamento que ele via a mãe fazer; ele teve de reconhecer que se tratava de uma satisfação.[16] A novidade

---

16. Talvez consideremos melhor a declaração do paciente se supusermos que o seu primeiro objeto de observação foi um coito em posição normal, que necessariamente desperta a impressão de um ato sádico. Apenas depois dele a posição foi mudada, de modo que ele teve a oportunidade de fazer outras observações e juízos. Só que essa suposição não foi assegurada, tampouco me parece imprescindível. A exposição abreviadora do texto não deve fazer com que percamos de vista a situação real de que o paciente analisado, após seus 25 anos, empresta palavras a impressões e moções de seu quarto ano de vida que não teria encontrado naquela época. Se negligenciarmos essa observação, poderíamos facilmente achar estranho e inacreditável que uma criança de quatro anos fosse capaz de tais juízos técnicos e pensamentos instruídos. Trata-se simplesmente de um segundo caso de *posterioridade*. Com um ano e meio, a criança recebe uma impressão à qual não pode reagir satisfatoriamente, compreendendo-a, sendo afetada por ela apenas por ocasião do reavivamento da impressão aos quatro anos, e apenas (continua)

essencial que a observação da relação dos pais lhe trouxe foi a convicção da realidade da castração, cuja possibilidade já tinha ocupado anteriormente seus pensamentos. (A visão das duas meninas urinando, a ameaça da niânia, a interpretação que a governanta dera aos palitos doces, a lembrança de que o pai despedaçara uma cobra.) Pois agora ele via com os próprios olhos a ferida da qual a niânia tinha falado, e compreendeu que a presença dessa ferida era uma condição para a relação com o pai. Ele não podia mais, como por ocasião da observação das menininhas, confundi-la com o traseiro.[17]

O desfecho do sonho foi medo, em relação ao qual ele não se acalmou até que sua niânia estivesse com ele. Refugiou-se com ela, portanto, para escapar do pai. O medo era uma rejeição ao desejo de satisfação sexual pelo pai, que foi a aspiração que lhe foi inspirada pelo sonho. Sua expressão, ser devorado pelo lobo, era apenas uma transposição – regressiva, como veremos – do desejo de copular com o pai, isto é, de ser satisfeito da mesma forma que a mãe. Sua última meta sexual, a atitude passiva em relação ao pai, fora submetida a um recalcamento, e o medo do pai, sob a forma da fobia de lobos, assumiu seu lugar.

(cont.) duas décadas mais tarde, na análise, pode apreender graças à atividade consciente do pensamento o que nela se passou naquela época. Então, com razão, o paciente analisado desconsidera as três fases temporais e introduz seu eu presente na situação há muito transcorrida. Nós o seguimos nisso, pois dadas uma auto-observação e uma interpretação corretas, o efeito resultante será como se pudéssemos negligenciar a distância entre a segunda e a terceira fase temporal. Tampouco temos outro meio para descrever os acontecimentos da segunda fase.

17. Mais adiante, quando acompanharmos seu erotismo anal, veremos como ele continuou a se ocupar com essa parte do problema.

IV. O SONHO E A CENA PRIMORDIAL

E a força impulsora desse recalcamento? Conforme todo o estado de coisas, só podia ser a libido genital narcísica, que, sob a forma de preocupação com o próprio membro viril, se opôs a uma satisfação que parecia ter por condição a renúncia a esse membro. Do narcisismo ameaçado, ele hauriu a virilidade com que se defendeu da atitude passiva em relação ao pai.

Atentamos agora ao fato de que neste ponto da exposição teremos de mudar nossa terminologia. Durante o sonho, ele tinha alcançado uma nova fase de sua organização sexual. Até então, as oposições sexuais eram para ele *ativo* e *passivo*. Desde a sedução, a meta sexual dele era passiva, era ser tocado nos genitais; então, por regressão ao estágio mais antigo da organização sádico-anal, ela se transformou na meta masoquista de ser castigado, punido. Era-lhe indiferente alcançar essa meta junto ao homem ou à mulher. Tinha passado da niânia ao pai sem considerar a diferença de sexo; tinha pedido que a niânia tocasse seu membro e quis provocar o pai a aplicar-lhe um castigo. Os genitais não foram considerados aí; na fantasia de tomar pancadas no pênis ainda se manifestou o nexo ocultado pela regressão. Mas a ativação da cena primordial no sonho o conduziu de volta à organização genital. Ele descobriu a vagina e o significado biológico de masculino e feminino. Agora compreendia que ativo equivalia a masculino, e passivo, a feminino. Sua meta sexual passiva teria de se transformar agora numa meta feminina, assumindo esta expressão: ser possuído sexualmente pelo pai, em vez de: ser golpeado por ele nos genitais ou no traseiro. Essa meta feminina sucumbiu ao recalcamento e precisou admitir a substituição pelo medo do lobo.

Temos de interromper aqui a discussão de seu desenvolvimento sexual até que estágios posteriores de sua história lancem nova luz sobre esses estágios anteriores. Na apreciação da fobia de lobos, acrescentemos ainda que o pai e a mãe, ambos, se transformaram em lobos. Afinal, a mãe representava o papel do lobo castrado, que deixa os outros montarem nele; o pai, o daquele que monta. Mas seu medo se referia, conforme o ouvimos assegurar, apenas ao lobo ereto, ou seja, ao pai. Além disso, deve chamar nossa atenção que o medo com que o sonho terminou tinha um modelo na narrativa do avô. Nesta, o lobo castrado, que deixou os outros montarem nele, é tomado pelo medo tão logo é lembrado do fato de não ter rabo. Parece, assim, que durante o processo onírico ele se identificou com a mãe castrada e então se opôs a esse resultado. Numa tradução que se espera correta: "Se quiseres ser satisfeito pelo pai, terás de suportar a castração como a mãe; mas isso eu não quero". Ou seja, um nítido protesto da masculinidade! Deixemos claro, aliás, que o desenvolvimento sexual do caso que aqui acompanhamos tem a grande desvantagem para a nossa investigação de não ser isento de perturbações. Primeiro ele é influenciado de maneira decisiva pela sedução, e então, é desviado pela cena da observação do coito, que atua *a posteriori* como uma segunda sedução.

V
Algumas discussões

O urso polar e a baleia, disse alguém, não podem travar guerra entre si porque, cada qual confinado a seu elemento, não têm ocasião de se aproximar. É-me igualmente impossível discutir com trabalhadores do ramo da psicologia ou do estudo das neuroses que não reconheçam os pressupostos da psicanálise e considerem seus resultados como artefatos. Ao mesmo tempo, no entanto, desenvolveu-se nos últimos anos uma oposição de outras pessoas que, pelo menos segundo sua própria opinião, se encontram no solo da análise, não contestam sua técnica e seus resultados e, contudo, se julgam autorizadas a derivar outras conclusões do mesmo material e a submetê-lo a outras concepções.

Mas, na maioria das vezes, a oposição teórica é infrutífera. Assim que alguém começa a se afastar do material do qual deveria extrair seus resultados, corre o risco de se entusiasmar com suas próprias afirmações e, por fim, defender opiniões que qualquer observação teria contestado. Por isso, parece-me incomparavelmente mais oportuno combater concepções divergentes colocando-as à prova em casos e problemas particulares.

Afirmei acima (p. 81) que certamente seria considerado improvável "que uma criança, na tenra idade de um ano e meio, fosse capaz de assimilar as percepções de um processo tão complicado e conservá-las tão fielmente em seu inconsciente; em segundo lugar, que aos quatro anos fosse possível uma elaboração desse material que chegasse a ser compreendida *a posteriori*; e, por fim, que fosse possível, mediante algum procedimento, tornar conscientes, de modo coerente e convincente, os pormenores de tal cena, vivenciada e compreendida sob tais circunstâncias".

A última questão é puramente factual. Quem se dá ao trabalho de levar a análise, mediante a técnica indicada, a tais profundezas irá se convencer de que isso é perfeitamente possível; quem deixa de fazê-lo e se interrompe em alguma camada mais elevada da análise renunciou ao juízo sobre o tema. Porém, isso não decide a compreensão do que foi alcançado pela análise profunda.

As duas outras ressalvas se apoiam num menosprezo das impressões da primeira infância, às quais não se atribui efeitos tão duradouros. Tais ressalvas querem buscar a causa das neuroses quase exclusivamente nos conflitos sérios da vida posterior, e supõem que a importância da infância nos seja imposta enganosamente na análise apenas devido à tendência dos neuróticos a expressar seus interesses do presente em reminiscências e símbolos de seu passado remoto. Com tal avaliação do fator infantil seriam suprimidas muitas coisas que pertencem às peculiaridades mais íntimas da análise, por certo também muitas outras que produzem resistências a ela e afastam a confiança de quem está de fora.

Colocamos em discussão, portanto, a concepção de que tais cenas da primeira infância, como as oferecidas por uma análise exaustiva das neuroses – de nosso caso, por exemplo –, não são reproduções de acontecimentos reais aos quais se possa atribuir influência sobre a configuração da vida posterior e sobre a formação de sintomas, mas

V. Algumas discussões

formações da fantasia, que tomam seu estímulo da época de maturidade, estão destinadas a ser uma representação de certo modo simbólica de desejos e interesses reais, e devem sua origem a uma tendência regressiva, a um desvio das tarefas do presente. Se assim for, naturalmente podemos nos poupar de todas as estranhas atribuições à vida psíquica e à atividade intelectual de crianças na mais imatura idade.

Além do desejo de racionalização e simplificação da difícil tarefa, comum a todos nós, vários elementos factuais vêm ao encontro dessa concepção. Também podemos de antemão tirar do caminho uma ressalva que poderia surgir justamente no caso do analista prático. Se a discutida concepção dessas cenas infantis for a correta, é preciso admitir que, de início, nada muda na prática da análise. Se o neurótico tem a peculiaridade danosa de afastar seu interesse do presente e aderi-lo a tais formações regressivas substitutivas de sua fantasia, não se pode fazer outra coisa senão segui-lo em seus caminhos e trazer à sua consciência essas produções inconscientes, pois elas são, desconsiderando inteiramente sua falta de valor real, extremamente valiosas para nós na condição de portadoras e detentoras atuais do interesse que queremos libertar a fim de dirigi-lo às tarefas do presente. A análise teria de transcorrer exatamente como aquela que, com confiança ingênua, toma tais fantasias por verdadeiras. Apenas ao final da análise, após a revelação dessas fantasias, teríamos a diferença. Diríamos então ao doente: "Pois bem; sua neurose transcorreu como se o senhor tivesse recebido e meditado tais impressões em seus anos de infância. O senhor decerto reconhece que isso não é possível. Eram produtos de sua atividade fantasística para desviá-lo de tarefas reais que o esperavam. Permita-nos agora investigar que tarefas eram essas e que caminhos de ligação existiam entre elas e as suas fantasias". Uma segunda parte do tratamento, voltada à vida real, poderia iniciar após despacharmos essas fantasias infantis.

Uma abreviação desse caminho, ou seja, uma modificação do tratamento psicanalítico praticado até aqui, seria tecnicamente inadmissível. Se não tornarmos essas fantasias conscientes ao doente em sua plena extensão, não podemos dar-lhe a capacidade de dispor do interesse a elas ligado. Se afastamos o doente delas tão logo percebamos sua existência e seus contornos gerais, apenas apoiamos a obra do recalcamento, pela qual se tornaram intocáveis a todos os esforços do doente. Se as privamos prematuramente do valor que têm para ele, talvez ao revelar-lhe que se tratam apenas de fantasias sem significação real, nunca teremos a colaboração do doente para conduzi-las até sua consciência. Assim, num procedimento correto, a técnica analítica não poderia experimentar qualquer modificação, seja lá qual for a avaliação dessas cenas infantis.

Mencionei que a concepção dessas cenas como fantasias regressivas pode invocar em seu apoio vários elementos factuais. Sobretudo este: essas cenas infantis não são reproduzidas no tratamento – tanto quanto alcança minha experiência até agora – como memórias; elas são resultado de construção. A muitos certamente parecerá que a disputa já está decidida com essa admissão.

Gostaria de não ser mal compreendido. Todo analista sabe e vivenciou inúmeras vezes que num tratamento bem-sucedido o paciente comunica um bom número de

V. Algumas discussões

lembranças espontâneas de seus anos de infância, de cujo aparecimento – talvez o primeiro aparecimento – o médico se sente inteiramente inocente, pois não sugeriu nenhum conteúdo parecido ao doente por meio de qualquer tentativa de construção. Essas memórias anteriormente inconscientes não precisam nem sequer ser sempre verdadeiras; elas podem sê-lo, mas com frequência são distorcidas em relação à verdade, impregnadas por elementos fantasiados, de maneira muito semelhante às chamadas lembranças encobridoras que ficaram conservadas espontaneamente. Quero dizer apenas: cenas como as de meu paciente, de uma época tão precoce e com tal conteúdo, que então reivindicam uma importância tão extraordinária para a história do caso, não são, via de regra, reproduzidas como lembranças, mas precisam ser adivinhadas – construídas – passo a passo e de modo trabalhoso a partir de um somatório de alusões. Também basta para o argumento eu admitir que nos casos de neurose obsessiva tais cenas não se tornam conscientes como lembrança, ou eu limitar a declaração a esse único caso que aqui estudamos.

No entanto, não sou da opinião de que, por não retornarem como lembranças, essas cenas sejam necessariamente fantasias. Parece-me inteiramente equivalente à lembrança que elas – como em nosso caso – sejam substituídas por sonhos, cuja análise reconduz regularmente à mesma cena, os quais reproduzem em incansável reelaboração cada parte de seu conteúdo. Afinal, o sonhar também é um recordar, ainda que sob as condições do período noturno e da formação de sonhos. Por meio desse retorno em sonhos explico a mim mesmo o fato de os próprios pacientes formarem pouco a pouco uma convicção segura da realidade dessas cenas primordiais, uma convicção que em nada fica atrás daquela baseada na lembrança.[1]

Os adversários, no entanto, não precisam abandonar a luta contra esses argumentos como se estivesse perdida. Como se sabe, os sonhos são dirigíveis.[2] E a convicção do paciente analisado pode ser um resultado de sugestão, para a qual ainda se procura um papel no jogo de forças do tratamento analítico. O psicoterapeuta da velha escola sugeriria ao paciente que ele está saudável, superou suas inibições etc.; o psicanalista, porém, sugeriria que ele teve quando criança esta ou aquela vivência que agora tem de lembrar para ficar saudável. Essa seria a diferença entre ambos.

Esclareçamo-nos que esta última tentativa de explicação dos adversários resulta numa liquidação das cenas infantis muito mais radical do que fora anunciado inicialmente. Considerou-se que não eram realidades, e sim fantasias. Agora se torna evidente: não eram fantasias do doente, e sim do próprio analista, que ele, a partir de algum complexo pessoal, impinge ao paciente analisado. Porém, o analista que ouve essa censura mostrará a si mesmo, para se tranquilizar, o quão gradualmente se realizou a construção

---

1. Um trecho da primeira edição de minha *Interpretação dos sonhos* (1900 *a*) pode comprovar o quão cedo me ocupei desse problema. Lá consta, no capítulo V, seção A [L&PM POCKET 1060, p. 205], a propósito da análise da seguinte fala, que aparece num sonho: "*Isso não está mais disponível*", que essa fala provém de mim mesmo; alguns dias antes eu tinha lhe explicado [isto é, explicado à paciente que teve o sonho] que "as experiências infantis mais antigas *não estão mais disponíveis* como tais, mas são substituídas na análise por 'transferências' e sonhos".
2. O mecanismo do sonho não pode ser influenciado, mas o material onírico se deixa comandar parcialmente.

V. Algumas discussões

dessa fantasia supostamente inspirada por ele, o quão independente do estímulo médico comportou-se em muitos pontos sua configuração, como tudo parecia convergir para ela a partir de certa fase do tratamento, e como agora, na síntese, os mais diferentes e notáveis resultados irradiam dela, como os grandes e os menores problemas e singularidades do histórico clínico encontram solução nessa única hipótese, e declarará que ele não se julga capaz da engenhosidade de fabular um acontecimento que possa satisfazer todas essas exigências de uma só vez. Mas mesmo esse discurso de defesa não causará efeito sobre a outra parte, que não experimentou a análise por conta própria. Refinada autoilusão – dirá um dos lados; embotamento do juízo – dirá o outro; não será possível pronunciar um veredito.

Voltemo-nos a outro fator que apoia a concepção adversária das cenas infantis construídas. É o seguinte: todos os processos que foram invocados para explicar essas questionáveis formações como fantasias realmente existem e cabe reconhecê-los como significativos. O afastamento do interesse em relação às tarefas da vida real[3], a existência de fantasias que fazem as vezes de formações substitutivas das ações não realizadas, a tendência regressiva que se manifesta nessas criações – regressiva em mais de um sentido, na medida em que ocorrem ao mesmo tempo um recuar frente à vida e um recorrer ao passado –, tudo isso é correto e pode ser confirmado regularmente pela análise. É de se acreditar que isso também seria suficiente para explicar as supostas reminiscências da primeira infância em questão, e essa explicação, segundo os princípios econômicos da

---

3. Por boas razões, prefiro dizer: o afastamento da *libido* em relação aos *conflitos* atuais.

ciência, teria a primazia frente a uma outra que não pode passar sem novas e estranhas suposições.

Neste ponto, permito-me chamar a atenção para o fato de as oposições na literatura psicanalítica atual serem habitualmente produzidas segundo o princípio da *pars pro toto* [parte pelo todo]. De um conjunto altamente complexo, extrai-se uma parte dos fatores em ação, proclama-se que essa parte é a verdade e então se contradiz, em favor dela, a outra parte e o todo. Quando se examina mais de perto para ver a que grupo coube essa preferência, descobre-se que é aquele que contém coisas já conhecidas de outro lugar ou que delas mais se aproxima. Assim, no caso de Jung, são a atualidade e a regressão; no caso de Adler, os motivos egoístas. Porém, deixa-se para trás, rejeita-se como erro justamente aquilo que é novo na psicanálise e que lhe é peculiar. Por essa via, as investidas revolucionárias da incômoda psicanálise podem ser mais facilmente rechaçadas.

Não é supérfluo destacar que nenhum dos fatores que a concepção adversária invoca para a compreensão das cenas infantis precisou ser ensinado como novidade por Jung. O conflito atual, o afastamento em relação à realidade, a satisfação substitutiva na fantasia, a regressão a material do passado, todas essas coisas, e isso na mesma concatenação, talvez com mínima alteração da terminologia, foram desde sempre uma parte integrante de minha própria teoria. Não era o todo dela, apenas a parte da causação, que atua a partir da realidade na formação das neuroses em direção regressiva. Ao mesmo tempo, ainda deixei espaço para uma segunda influência, progressiva, que atua a partir das impressões da infância, indica o caminho à libido que recua frente à vida e permite compreender a regressão à infância,

V. Algumas discussões

de outro modo inexplicável. Assim, segundo minha concepção, os dois fatores atuam juntos na formação de sintomas, mas uma atuação conjunta anterior me parece igualmente significativa. Sustento que *a influência da infância já se torna perceptível na situação inicial da formação das neuroses, ao codeterminar de modo decisivo se e em que ponto o indivíduo falha em dar conta dos problemas reais da vida.*

Está em disputa, portanto, a importância do fator infantil. A tarefa consiste em encontrar um caso que possa demonstrar essa importância para além de qualquer dúvida. Um caso desses, porém, é o caso clínico de que tratamos tão detalhadamente aqui, que se distingue pela característica de a neurose da vida posterior ser precedida por uma neurose da primeira infância. Justamente por isso, afinal, escolhi esse caso para comunicação. Se alguém quiser rejeitá-lo, talvez porque a zoofobia não lhe pareça importante o suficiente para ser reconhecida como neurose independente, quero indicar-lhe que essa fobia foi seguida sem intervalo por um cerimonial obsessivo, por ações e pensamentos obsessivos dos quais se tratará nos capítulos subsequentes deste texto.

Um adoecimento neurótico no quarto ou quinto ano da infância prova sobretudo que as vivências infantis são capazes por si mesmas de produzirem uma neurose, sem que para tanto se necessitasse de fuga frente a uma tarefa colocada na vida. Alguém objetará que tampouco a criança é incessantemente poupada de tarefas das quais talvez gostasse de se esquivar. Isso é correto, mas a vida de uma criança antes do período escolar é fácil de abarcar; pode-se investigar, afinal, se nela se encontra uma "tarefa" que determine a causação da neurose. Mas não se descobre outra coisa senão moções de impulso, cuja satisfação é impossível à criança, das quais ela não é capaz de dar conta, e as fontes das quais elas emanam.

Como era de se esperar, o enorme encurtamento do intervalo entre a irrupção da neurose e o período das vivências infantis em questão permite encolher ao máximo a parte regressiva da causação, trazendo explicitamente à luz a parte progressiva, a influência das impressões mais precoces. Este histórico clínico, segundo espero, dará uma imagem clara dessa relação. Por outras razões, a neurose infantil ainda dá uma resposta decisiva à pergunta sobre a natureza das cenas primordiais ou das mais precoces vivências infantis descobertas na análise.

Tomemos como pressuposto incontestável que tal cena primordial tenha sido desenvolvida corretamente do ponto de vista técnico, que ela seja imprescindível para a solução unificada de todos os enigmas oferecidos pelos sintomas do adoecimento infantil, que todos os efeitos dela se irradiem tal como todos os fios da análise a ela conduziram; dado isso, será impossível, com vista a seu conteúdo, que ela seja outra coisa senão a reprodução de uma realidade vivenciada pela criança. Pois a criança, como também o adulto, só pode produzir fantasias com material obtido em algum lugar; os caminhos dessa obtenção são em parte (como a leitura) bloqueados à criança, o intervalo de tempo disponível para a obtenção é curto e pode ser facilmente investigado em busca de tais fontes.

Em nosso caso, a cena primordial contém a imagem da relação sexual entre os pais numa posição especialmente favorável para certas observações. Mas absolutamente nada testemunharia em favor da realidade dessa cena se a encon-

V. Algumas discussões

trássemos num doente cujos sintomas, ou seja, os efeitos da cena, tivessem surgido em algum momento de sua vida posterior. Tal paciente pode ter obtido as impressões, as representações e os conhecimentos nos mais diferentes momentos do longo intervalo, transformando-os então numa imagem da fantasia que ele projeta de volta à sua infância e liga a seus pais. Porém, quando os efeitos de tal cena surgem no quarto e no quinto ano de vida, a criança deve ter visto essa cena numa idade ainda mais precoce. E então ficam de pé todas as estranhas conclusões resultantes da análise da neurose infantil. A não ser que alguém queira supor que o paciente não só fantasiou inconscientemente essa cena primordial, mas também confabulou a mudança do seu próprio caráter, seu medo de lobos e sua obsessão religiosa, expediente que, no entanto, contradiria sua natureza normalmente sóbria e a tradição direta de sua família. Temos de ficar nisso, portanto – não vejo outra possibilidade –; ou a análise resultante de sua neurose infantil é um absoluto desvario, ou tudo é tão exato como apresentei acima.

Num trecho anterior também nos escandalizamos com a ambiguidade de que a predileção do paciente pelas nádegas femininas e pelo coito naquela posição em que elas mais se destacam pareciam exigir uma derivação do coito observado dos pais, enquanto tal preferência, contudo, é um traço geral das constituições arcaicas predispostas à neurose obsessiva. Aqui se oferece uma saída óbvia, que resolve a contradição como sendo uma sobredeterminação. A pessoa que ele observa nessa posição durante o coito, afinal, era o seu pai biológico, de quem também poderia ter herdado essa predileção constitucional. Nem a doença posterior do pai, nem a história familiar contradizem isso; um irmão do pai, como já foi mencionado, morreu num estado que tem de ser compreendido como o desfecho de um grave sofrimento obsessivo.

Neste contexto, recordamo-nos de que a irmã, na sedução do menino de três anos e três meses, pronunciou contra a honrada e velha babá a estranha calúnia de que esta colocava todas as pessoas de cabeça para baixo e então agarrava seus genitais (p. 56). Teve de impor-se a nós, aí, a ideia de que talvez a irmã, em idade igualmente tenra, também tivesse visto a mesma cena que o irmão viu mais tarde, tendo tirado daí o estímulo para esse colocar de pernas para o ar durante o ato sexual. Essa suposição também traria uma indicação de uma fonte de sua própria precocidade sexual.

[Originalmente[4], eu não tinha a intenção de prosseguir neste ponto a discussão sobre o valor de realidade das "cenas primordiais", mas, visto que nesse meio-tempo fui levado a tratar desse tema em minhas *Conferências de introdução à psicanálise* [Conferência XXIII], num contexto mais amplo e não mais com intenção polêmica, seria desorientador se eu quisesse deixar de aplicar ao caso que aqui temos diante de nós os pontos de vista determinantes nessas conferências. Prossigo, assim, complementando e retificando: ainda é possível uma outra concepção da cena primordial na base do sonho, que dá outro rumo à boa parte da decisão anteriormente tomada e nos livra de algumas dificuldades. A teoria que pretende rebaixar as cenas infantis à categoria de símbolos regressivos nada ganhará mesmo com essa modificação, é verdade; ela me parece definitivamente

---

4. Os próximos seis parágrafos foram acrescentados por Freud em 1922, na 2ª edição desta obra. (N.T.)

V. Algumas discussões

liquidada por essa análise de uma neurose infantil – como o seria por qualquer outra.

Quero dizer que podemos organizar o estado de coisas também da seguinte maneira. Não podemos prescindir da suposição de que a criança observou um coito cuja visão a convenceu de que a castração poderia ser mais do que uma ameaça vazia; a importância que mais tarde coube às posições do homem e da mulher para o desenvolvimento do medo e como condição amorosa tampouco nos deixa outra escolha senão concluir que deve ter sido um *coitus a tergo, more ferarum* [coito por trás, ao modo das feras]. Mas outro fator não é tão insubstituível e pode ser abandonado. Talvez não tenha sido um coito dos pais, e sim um coito animal o que a criança observou e então imputou a eles, como se tivesse deduzido que os pais não o faziam de outro modo.

Essa concepção é beneficiada sobretudo pelo fato de os lobos do sonho serem na verdade cães pastores e também aparecerem como tais no desenho. Pouco antes do sonho, o menino fora repetidamente levado para ver os rebanhos de ovelhas, quando podia ver tais grandes cães brancos e provavelmente também observá-los durante o coito. Eu também gostaria de relacionar com isso o número três, que o sonhador apresentou sem qualquer motivação adicional, e supor que tenha ficado em sua memória o fato de ter feito três de tais observações nos cães pastores. O que se somou a isso, na excitação expectante da noite de seu sonho, foi a transferência aos pais da imagem mnêmica obtida há pouco, com *todos* os seus detalhes, o que só então possibilitou aqueles poderosos efeitos afetivos. Havia agora uma compreensão *a posteriori* daquelas impressões talvez recebidas poucas semanas ou meses antes, um processo que cada um de nós talvez tenha experimentado em si mesmo. A transferência dos cães praticando o coito aos pais não se consumou mediante um procedimento dedutivo ligado a palavras, e sim pela busca na memória de uma cena real de convivência dos pais passível de ser fundida com a situação do coito. Todos os detalhes da cena alegados na análise do sonho podem ter sido reproduzidos de maneira exata. Foi realmente numa tarde de verão, enquanto a criança padecia de malária, os pais estavam ambos presentes, de roupa branca, quando a criança despertou de seu sono, mas... a cena foi inofensiva. O resto foi acrescentado pelo desejo posterior do menino ávido de saber, que também queria espreitar os pais em sua relação amorosa, com base em suas experiências com os cães; e então, a cena assim fantasiada desenvolveu todos os efeitos que lhe atribuímos, os mesmos que desenvolveria se tivesse sido inteiramente real, e não aglutinada a partir de dois componentes, um deles anterior e indiferente, e outro posterior e extremamente impressionante.

Logo fica evidente o quanto diminui o nível de exigência feito à nossa capacidade de acreditar. Não precisamos mais supor que os pais consumaram o coito na presença da criança, ainda que bastante pequena, o que para muitos de nós é uma ideia desagradável. O montante de posterioridade é bastante diminuído; agora ela se refere apenas a alguns meses do quarto ano de vida, não remontando de forma alguma aos primeiros e obscuros anos de infância. Mal resta algo de estranho no comportamento da criança, que faz uma transferência dos cães aos pais e tem medo do lobo em vez de tê-lo do pai. Ela se encontra, afinal, na fase de desenvolvimento de sua visão de mundo que foi caracterizada em *Totem e tabu* como o retorno do

V. Algumas discussões

totemismo. A teoria que pretende esclarecer as cenas primordiais das neuroses por meio do fantasiar retrospectivo em momentos posteriores parece encontrar um forte apoio em nossa observação, apesar da tenra idade de quatro anos de nosso neurótico. Por mais jovem que seja, ele no entanto conseguiu substituir uma impressão do quarto ano por um trauma fantasiado com um ano e meio; porém, essa regressão não parece enigmática nem tendenciosa. A cena a ser produzida tinha de satisfazer certas condições, que, em consequência das circunstâncias de vida do sonhador, podiam ser encontradas justamente apenas nesse período precoce, como, por exemplo, a condição de encontrar-se em sua cama no quarto dos pais.

À maioria dos leitores, no entanto, parecerá realmente decisivo para o acerto da concepção aqui proposta o que posso acrescentar a partir dos resultados analíticos de outros casos. A cena de uma observação da relação sexual dos pais num período bastante precoce da infância – seja ela lembrança real ou fantasia – não é verdadeiramente raridade alguma nas análises de seres humanos neuróticos. Talvez ela se encontre com a mesma frequência naqueles que não se tornaram neuróticos. Talvez ela pertença ao acervo regular de seu patrimônio – consciente ou inconsciente – de memórias. Porém, sempre que pude desenvolver uma dessas cenas por meio de análise, ela mostrou a mesma peculiaridade que também nos deixou perplexos em nosso paciente; ela se referia ao *coitus a tergo*, o único a possibilitar ao espectador a inspeção dos genitais. Decerto não se precisa duvidar mais que se trata apenas de uma fantasia, que talvez seja incitada regularmente pela observação da relação sexual animal. E mais que isso; aludi ao fato de minha exposição da "cena primordial" ter ficado incompleta por eu reservar para mais tarde a comunicação do modo pelo qual a criança perturba a relação dos pais. Devo acrescentar agora que também o gênero dessa perturbação é o mesmo em todos os casos.

Posso imaginar que agora me expus a sérias suspeitas por parte dos leitores deste histórico clínico. Se eu tinha esses argumentos em favor de tal concepção da "cena primordial" à minha disposição, como posso responder pelo fato de defender inicialmente uma outra que parecia tão absurda? Ou será que eu teria, no intervalo entre a primeira redação do histórico clínico e este adendo, feito aquelas novas experiências que me obrigaram a modificar minha concepção inicial, não querendo confessá-lo por um motivo qualquer? Confesso, em compensação, algo diferente: que tenho a intenção, desta vez, de encerrar a discussão sobre o valor de realidade da cena primordial com um *non liquet*.[5] Este histórico clínico ainda não chegou ao fim; em seu transcurso subsequente surgirá um fator que perturba a segurança que agora acreditamos desfrutar. Então, por certo, nada restará senão remeter aos trechos de minhas *Conferências* em que tratei do problema das fantasias primordiais ou cenas primordiais.]

---

5. "Não está claro", antiga fórmula jurídica que indicava a falta de elementos suficientes para se proferir um veredito, deixando espaço para averiguações suplementares ou para adiamento. (N.T.)

VI

A NEUROSE OBSESSIVA

E então, pela terceira vez ele experimentou uma influência que modificou seu desenvolvimento de modo decisivo. Quanto tinha quatro anos e meio, e seu estado de irritabilidade e ansiedade ainda não tinha melhorado, a mãe decidiu familiarizá-lo com a História Sagrada, na esperança de assim distraí-lo e edificá-lo. Ela foi bem-sucedida; a introdução da religião deu um fim à fase transcorrida até então, mas trouxe consigo uma substituição dos sintomas de medo por sintomas obsessivos. Até aquele momento, era-lhe difícil adormecer, pois temia sonhar com coisas tão ruins quanto naquela noite antes do Natal: agora, antes de ir para a cama, tinha de beijar todas as imagens de santos no quarto, recitar preces e fazer inúmeros sinais da cruz sobre sua pessoa e sua cama.

Sua infância se divide claramente, pois, nas seguintes épocas: em primeiro lugar, da pré-história até a sedução (três anos e três meses), época em que ocorre a cena primordial; em segundo lugar, o período da mudança de caráter até o sonho de medo (quatro anos); em terceiro lugar, da zoofobia até a introdução na religião (quatro anos e meio); e, a partir de então, é a época da neurose obsessiva, que vai além dos dez anos. Uma substituição instantânea e sem dificuldades de uma fase pela seguinte não é da natureza da situação nem da de nosso paciente, em quem, pelo contrário, eram características a conservação de tudo o que passara e a coexistência das mais diversas correntes. O mau comportamento não desapareceu quando surgiu o medo, prosseguindo, com lenta redução, na época da devoção religiosa. Mas, nessa última fase, não se fala mais da fobia de lobos. A neurose obsessiva transcorreu de modo descontínuo; o primeiro ataque foi o mais longo e mais intenso, surgiram outros aos oito e aos dez anos, sempre depois de ocasiões que se encontravam numa relação evidente com o conteúdo da neurose. A mãe contou-lhe a História Sagrada pessoalmente, ordenando à niânia, além disso, que lesse para ele um livro a respeito, enfeitado com ilustrações. O peso principal dos relatos recaiu naturalmente sobre a Paixão. A niânia, que era muito devota e supersticiosa, acrescentou suas explicações sobre o assunto, mas também teve de ouvir todas as objeções e dúvidas do pequeno crítico. Se as lutas que então começaram a abalá-lo desembocaram por fim numa vitória da fé, a influência da niânia não foi indiferente para isso.

O que ele me relatou como lembrança de suas reações à introdução na religião encontrou, de início, a minha decidida incredulidade. Esses, cogitei, não poderiam ser os pensamentos de uma criança com idade entre quatro e meio e cinco anos; é provável que tivesse recuado para esse passado primevo o que se originou da reflexão do adulto com quase trinta anos.[1] Só que o paciente nada queria saber

---

[1] Também fiz repetidas vezes a tentativa de deslocar a história do doente pelo menos um ano à frente, ou seja, situar a sedução aos quatro anos e três meses, o sonho no quinto aniversário etc. Nada havia a ganhar com os intervalos, afinal, só que também nisso o paciente se manteve inflexível, sem, aliás, conseguir me livrar de todas as dúvidas. Tal adiamento em um ano, é claro, seria indiferente para a impressão causada por sua história e para todas as discussões e conclusões a ela ligadas.

VI. A neurose obsessiva

dessa correção; não foi possível convencê-lo, diferentemente do que ocorreu em muitas outras divergências de julgamento entre nós; o nexo entre seus pensamentos recordados e seus sintomas relatados, bem como o encaixe deles em seu desenvolvimento sexual, obrigaram-me por fim a dar-lhe crédito. Também disse a mim mesmo, então, que justamente a crítica às doutrinas da religião, da qual eu não queria considerar a criança capaz, só é realizada por uma minoria insignificante dos adultos.

Apresentarei agora o material de suas lembranças e só então buscarei um caminho que leve à sua compreensão.

A impressão que ele recebeu da narrativa da História Sagrada, segundo ele relata, não foi de início agradável. Ele resistiu, em primeiro lugar, ao caráter sofredor da pessoa de Cristo e, em segundo, a todo o contexto de sua história. Ele dirigiu sua crítica insatisfeita contra Deus-Pai. Se Ele é onipotente, então é Sua culpa se os homens são ruins e atormentam os outros, o que então os leva ao Inferno. Deveria tê-los feito bons; Ele próprio era responsável por todas as coisas ruins e por todos os tormentos. O menino se escandalizou com o mandamento de oferecer a outra face quando se tinha recebido um golpe numa delas, com o fato de Cristo desejar, na cruz[2], que o cálice fosse passado adiante, mas também com o fato de não ter acontecido nenhum milagre que provasse que Ele era o filho de Deus. Assim, portanto, fora despertada sua perspicácia, sabendo descobrir com rigor implacável as fraquezas da História Sagrada.

---

2. Na verdade, no Monte das Oliveiras. Um erro cometido pelo próprio paciente, conforme informação de Freud a seus tradutores ingleses (segundo esclarecem os editores alemães). (N.T.)

Porém, a essa crítica racionalista logo se juntaram ruminações e dúvidas que podem nos revelar a colaboração de moções ocultas. Uma das primeiras perguntas que ele dirigiu à niânia foi se Cristo também tivera um traseiro. A niânia informou-lhe que Ele havia sido um Deus e também um homem. Na condição de homem, tivera e fizera tudo assim como os outros homens. Isso não o deixou nem um pouco satisfeito, mas ele soube se consolar dizendo-se que o traseiro, afinal, era apenas a continuação das pernas. O medo recém-apaziguado de precisar rebaixar a Sagrada Pessoa acendeu-se mais uma vez quando lhe veio a pergunta sobre se Cristo também tinha evacuado. Não se atreveu a fazê-la à devota niânia, mas ele próprio achou uma saída que não seria melhor se ela a tivesse apontado. Já que Cristo fez vinho do nada, também poderia transformar a comida em nada e assim poupar-se a defecação.

Aproximaremo-nos da compreensão dessas ruminações se partirmos de um fragmento, antes discutido, do desenvolvimento sexual do paciente. Sabemos que sua vida sexual, desde a rejeição da niânia e da repressão – a isso ligada – da atividade genital incipiente, desenvolveu-se nas direções do sadismo e do masoquismo. Ele torturava, maltratava pequenos animais, fantasiava com o açoitamento de cavalos e, por outro lado, com o espancamento do sucessor ao trono.[3] No sadismo, ele conservava a antiquíssima identificação com o pai; no masoquismo, ele o tinha escolhido como objeto sexual. Ele se encontrava plenamente numa fase da organização pré-genital, na qual vejo a predisposição à neurose obsessiva. Pela ação daquele sonho, que o colocou sob a influência da cena primordial, ele teria podido avançar

---

3. Especialmente com golpes no pênis (p. 64 e 91).

VI. A neurose obsessiva

até a organização genital e transformar seu masoquismo em relação ao pai em atitude feminina para com ele, em homossexualidade. Só que esse sonho não trouxe tal avanço; ele desembocou em medo. A relação com o pai, que da meta sexual de ser castigado por ele deveria ter levado à meta seguinte de manter relações sexuais com o pai como uma mulher, foi lançada de volta, graças à objeção de sua masculinidade narcísica, a um estágio ainda mais primitivo e, por deslocamento a um substituto paterno, dissociada sob a forma de medo de ser devorado pelo lobo, porém de modo algum foi resolvida dessa maneira. Para sermos mais exatos, só podemos fazer justiça a essa situação que parece complicada se nos ativermos à coexistência das três aspirações sexuais que visavam o pai. Desde o sonho, ele era homossexual no inconsciente e, na neurose, estava no nível do canibalismo; a atitude masoquista anterior manteve-se dominante. Todas as três correntes tinham metas sexuais passivas; tratava-se do mesmo objeto, da mesma moção sexual, mas ocorrera uma dissociação dela em três níveis diferentes.

O conhecimento da História Sagrada deu-lhe então a possibilidade de sublimar a atitude masoquista predominante em relação ao pai. Ele se tornou Cristo, o que lhe foi especialmente facilitado graças ao mesmo dia de nascimento. Assim se tornou algo grande, e também – o que por ora ainda não era bastante acentuado – um homem. Na dúvida sobre se Cristo pode ter um traseiro, transparece a atitude homossexual recalcada, pois a ruminação não poderia significar outra coisa senão a questão de saber se poderia ser usado pelo pai como uma mulher, tal como a mãe na cena primordial. Quando chegarmos à solução das outras ideias obsessivas, veremos que essa interpretação se confirma. Ao recalcamento da homossexualidade passiva correspondia, nesse momento, o escrúpulo segundo o qual era ultrajante relacionar a Sagrada Pessoa com tais impertinências. Percebe-se que ele se esforçava em livrar sua nova sublimação do complemento que ela recebeu das fontes do recalcado. Mas não conseguiu fazê-lo.

Ainda não compreendemos por que ele também se opunha ao caráter passivo de Cristo e aos maus-tratos por parte do pai, começando assim também a negar seu ideal masoquista vigente até então, mesmo em sua sublimação. Podemos supor que esse segundo conflito era especialmente favorável à aparição dos pensamentos obsessivos degradantes oriundos do primeiro conflito (entre a corrente masoquista dominante e a homossexual recalcada), pois é muito natural que num conflito psíquico todas as aspirações contrárias, embora provenientes das mais diversas fontes, somem-se umas às outras. A partir de novas comunicações, conheceremos o motivo de sua oposição e, assim, da crítica praticada contra a religião.

Sua investigação sexual também tirara proveito das informações sobre a História Sagrada. Até então, ele não tivera razão para supor que as crianças provêm apenas da mulher. Ao contrário, a niânia o fez acreditar que ele era a criança do pai, e a irmã, a da mãe, e essa relação mais próxima com o pai fora-lhe muito valiosa. E agora ficara sabendo que Maria era chamada de Mãe de Deus. Ou seja, as crianças vinham da mulher, e a declaração da niânia não mais se sustentava. Além disso, as narrativas o deixaram confuso sobre quem propriamente era o pai de Cristo. Ele estava inclinado a julgar que fosse José, pois ouvira que

VI. A neurose obsessiva

sempre tinham vivido juntos, mas a niânia disse que José era apenas *como* o pai do menino, e o pai verdadeiro era Deus. Ele não sabia o que fazer com isso. Compreendeu apenas que se era realmente possível discutir a respeito, então a relação entre pai e filho não era tão estreita quanto sempre imaginara.

De certa maneira, o menino adivinhou a ambivalência de sentimentos em relação ao pai que está sedimentada em todas as religiões, atacando sua própria religião devido ao afrouxamento dessa relação com o pai. Naturalmente, sua oposição logo cessou de ser uma dúvida quanto à verdade da doutrina, voltando-se, em compensação, diretamente contra a pessoa de Deus. Deus tratara o próprio Filho de modo duro e cruel, mas não era melhor em relação aos homens. Tinha sacrificado seu Filho e exigido o mesmo de Abraão. Ele começou a temer a Deus.

Se ele era Cristo, o pai era Deus. Mas o Deus que a religião lhe impunha não era um substituto apropriado para o pai a quem amara e de quem não queria se deixar privar. O amor a esse pai criou sua perspicácia crítica. Defendia-se contra Deus para poder se agarrar ao pai, nisso, na verdade, defendendo o velho pai contra o novo. Tinha, aí, de realizar um difícil feito de separação do pai.

Era, portanto, do velho amor pelo pai, que se tornara evidente em época muito precoce, que ele extraía a energia para a luta contra Deus e a perspicácia para a crítica da religião. Mas, por outro lado, essa hostilidade contra o novo Deus tampouco era um ato original; ela tinha um modelo numa moção hostil contra o pai que surgira sob a influência do sonho de medo, sendo, no fundo, apenas um renascimento dela. As duas moções de sentimento contrárias, que deveriam reger toda sua vida posterior, encontraram-se aqui para a luta de ambivalência a propósito do tema da religião. O que resultou dessa luta sob a forma de sintoma – as ideias blasfemas, a compulsão, que o assaltou, de pensar "Deus/merda", "Deus/porco" – era, por essa razão, também um autêntico resultado de compromisso, conforme nos mostrará a análise dessas ideias no contexto do erotismo anal.

Alguns outros sintomas obsessivos menos típicos levam ao pai com a mesma segurança, mas também permitem reconhecer o nexo da neurose obsessiva com as eventualidades anteriores.

Do cerimonial devoto com que, no fim, expiava suas blasfêmias, também fazia parte o mandamento de, em certas condições, respirar de modo solene. Ao fazer o sinal da cruz, sempre tinha de inspirar profundamente ou expirar com força. Em sua linguagem, a respiração equivalia ao espírito. Esse era, portanto, o papel do Espírito Santo. Tinha de inspirar o Espírito Santo ou expirar os maus espíritos dos quais ouvira falar e lera.[4] A esses maus espíritos ele também atribuía os pensamentos blasfemos pelos quais tinha de se impor tantas penitências. Porém, era forçado a expirar quando via mendigos, aleijados, pessoas feias, velhas e miseráveis, e não conseguia conciliar essa compulsão com os espíritos. Apenas dava a si mesmo a justificativa de que o fazia para não se tornar como eles.

Então, por ocasião de um sonho, a análise trouxe a explicação de que o expirar ao ver pessoas miseráveis começara apenas depois do sexto ano e se relacionava com o pai. Ele

---

4. Como veremos, esse sintoma se desenvolveu aos seis anos, quando já sabia ler.

VI. A neurose obsessiva

não via o pai há longos meses quando, certa vez, a mãe disse que iria até a cidade com os filhos e lhes mostraria algo que muito iria alegrá-los. Levou-os então a um sanatório, onde reviram o pai; ele parecia mal e causou muita pena ao filho. O pai, portanto, também era o modelo de todos os aleijados, mendigos e pobres diante dos quais tinha de expirar, como normalmente é o modelo das caretas que se vê em estados de medo e das caricaturas que se desenha por zombaria. Ainda veremos em outro trecho que essa atitude compassiva remonta a um detalhe específico da cena primordial, que bastante tarde entrou em ação na neurose obsessiva.

O propósito de não se tornar como eles, que motivava o seu expirar diante dos aleijados, era, portanto, a antiga identificação com o pai convertida em seu negativo. No entanto, nisso ele também copiava o pai no sentido positivo, pois a respiração forte era uma imitação do ruído que ele ouvira partir do pai durante o coito.[5] O Espírito Santo devia sua origem a esse sinal de excitação sensual do homem. Através do recalcamento, essa respiração se transformou num mau espírito, para o qual ainda havia outra genealogia, a saber, a malária, da qual padecera na época da cena primordial.

A rejeição a esses maus espíritos correspondia a um traço inquestionavelmente ascético, que também se expressou em outras reações. Quando ele ouviu que Cristo certa vez expulsara maus espíritos mandando-os para dentro de porcos, que então se precipitaram num despenhadeiro, pensou no fato de sua irmã, nos primeiros anos de infância, num período anterior às lembranças dele, ter rolado morro

---

5. Pressupondo-se a natureza real da cena primordial!

abaixo num caminho rochoso do porto, junto à praia. Ela também era um desses maus espíritos e uma porca; daqui, um caminho curto levava a Deus/porco. O próprio pai se revelara igualmente dominado pela sensualidade. Quando soube da história dos primeiros seres humanos, chamou sua atenção a semelhança entre seu destino e o de Adão. Em conversa com a niânia, admirou-se hipocritamente com o fato de Adão ter se deixado precipitar na desgraça por uma mulher, prometendo à niânia que jamais se casaria. Uma inimização com a mulher devido à sedução pela irmã obteve forte expressão nessa época. Tal inimização ainda o perturbaria com bastante frequência em sua vida amorosa posterior. A irmã tornou-se para ele a corporificação duradoura da tentação e do pecado. Quando se confessava, sentia-se puro e isento de pecado. Mas então lhe parecia como se a irmã espreitasse para lançá-lo novamente no pecado, e antes de se dar conta ele tinha provocado uma cena de briga com ela, tornando-se novamente pecador. Dessa forma, era obrigado a reproduzir desde o começo, repetidamente, o fato da sedução. De resto, jamais revelara seus pensamentos blasfemos na confissão, por mais que o oprimissem.

    Inesperadamente, topamos com os sintomas dos anos posteriores de neurose obsessiva e, por isso, desconsiderando tantas coisas que aí se encontram de permeio, queremos relatar sobre seu desfecho. Já sabemos que, sem levar em conta sua existência permanente, ela experimentava reforços de vez em quando; numa das vezes, o que ainda não nos pode ser transparente, quando morreu um menino na mesma rua, com quem pôde se identificar. Aos dez anos, ele passou a ter um preceptor alemão, que logo adquiriu

VI. A neurose obsessiva

grande influência sobre ele. É muito instrutivo que toda sua grave devoção tenha desaparecido para nunca mais renascer depois que percebera, e soubera em conversas instrutivas com o professor, que esse substituto do pai não dava valor à devoção e considerava nula a verdade da religião. A devoção foi abaixo com a dependência em relação ao pai, que então foi substituído por um novo pai, mais afável. Isso não aconteceu, porém, sem um último flamejar da neurose obsessiva, do qual recordou especialmente a compulsão a pensar na Santíssima Trindade toda vez que via na rua três montinhos de excremento juntos. Ele simplesmente nunca cedia a uma incitação sem ainda fazer uma tentativa de conservar o que fora desvalorizado. Quando o professor o dissuadiu das crueldades com os pequenos animais, ele também deu um fim a esses malfeitos, mas não sem antes se satisfazer intensamente uma última vez retalhando lagartas. Ele ainda se comportava da mesma forma no tratamento analítico quando desenvolveu uma "reação negativa" passageira; depois de cada solução decisiva, ele tentava, por um breve momento, negar seu efeito através de uma piora do sintoma resolvido. Sabe-se que em geral as crianças se comportam de modo semelhante em relação a proibições. Quando as repreendemos por produzir um barulho insuportável, por exemplo, elas o repetem mais uma vez após a proibição antes de cessar com ele. Com isso obtiveram duas coisas, a aparência de que pararam voluntariamente e o desafio à proibição.

Sob a influência do professor alemão surgiu uma nova e melhor sublimação de seu sadismo, que, correspondendo à puberdade próxima, obteve na época o predomínio sobre o masoquismo. Ele começou a se entusiasmar pela vida de soldado, pelos uniformes, armas e cavalos, alimentando com isso contínuos devaneios. Assim, sob a influência de um homem, tinha se livrado de suas atitudes passivas e se encontrava, de início, em caminhos relativamente normais. Uma repercussão da dependência em relação ao professor, que o deixou pouco depois, foi o fato de, em sua vida posterior, privilegiar o elemento alemão (médicos, sanatórios, mulheres) frente ao pátrio (que representava o pai), donde a transferência no tratamento ainda tirou grande vantagem.

Antes de ser libertado pelo professor, ainda houve um sonho, que menciono porque estivera esquecido até surgir no tratamento. Ele se via montando um cavalo e sendo perseguido por uma gigantesca lagarta. Nesse sonho, reconheceu uma alusão a um sonho mais antigo, do período anterior ao professor, e que tínhamos interpretado fazia muito. Nesse sonho mais antigo, ele via o Diabo em trajes negros e na postura ereta que outrora tanto o tinha apavorado quando se tratava do lobo e do leão. Com o dedo estendido, o Diabo apontava para um gigantesco caracol. Ele logo tinha adivinhado que esse diabo era o Demônio de um conhecido poema[6], e o próprio sonho, uma reelaboração de um quadro muito difundido que representava o Demônio numa cena de amor com uma moça. O caracol estava no lugar da mulher como símbolo sexual eminentemente feminino. Orientados pelo gesto indicativo do Demônio, logo pudemos declarar que o sentido do sonho consistia no fato de ele ansiar por alguém que lhe desse as últimas e

---

6. "O Demônio" (1839), de Mikhail Liérmontov (1814-1841). O quadro mencionado a seguir é muito provavelmente *Tamara e o Demônio*, de Mikhail Vrúbel (1856-1910), obra de um ciclo de 1891 inspirado no poema de Liérmontov. (N.T.)

VI. A neurose obsessiva

ainda faltantes lições sobre os enigmas da relação sexual, tal como no passado o pai dera as primeiras na cena primordial.

A propósito do sonho posterior, em que o símbolo feminino fora substituído pelo masculino, ele lembrou determinada vivência ocorrida pouco antes. Certo dia, na propriedade, ele passou a cavalo por um camponês adormecido, cujo filho estava deitado ao lado. Este acordou o pai e lhe disse algo, ao que o pai começou a insultar e perseguir o cavaleiro, de maneira que este se afastou rapidamente em seu cavalo. Além disso, também recordou que na mesma propriedade havia árvores inteiramente brancas, inteiramente envoltas pelos fios das lagartas. Entendemos que ele também fugiu da realização da fantasia do filho que dorme com o pai e que invocou as árvores brancas a fim de produzir uma alusão ao sonho fóbico dos lobos brancos em cima da nogueira. Era, portanto, uma irrupção direta do medo daquela atitude feminina em relação ao homem, da qual se protegera inicialmente através da sublimação religiosa e da qual logo deveria se proteger de modo ainda mais eficaz pela sublimação militar.

No entanto, seria um grande erro supor que após a supressão dos sintomas obsessivos não restariam quaisquer efeitos permanentes da neurose obsessiva. O processo levara a uma vitória da crença devota sobre a rebelião criticamente indagadora, tendo como pressuposto o recalcamento da atitude homossexual. De ambos os fatores resultaram desvantagens duradouras. Desde essa primeira grande derrota, a atividade intelectual fora gravemente prejudicada. Não se desenvolveu qualquer entusiasmo por aprender, não se mostrava mais nada da perspicácia que no passado, na tenra idade de cinco anos, tinha desmontado criticamente as doutrinas da religião. O recalcamento da intensíssima homossexualidade, ocorrido durante aquele sonho de medo, reservou essa significativa moção para o inconsciente, mantendo, dessa maneira, a meta original desta e privando-a de todas as sublimações às quais ela normalmente se oferece. Por isso, faltavam ao paciente todos os interesses sociais que dão conteúdo à vida. Somente quando, no tratamento analítico, foi possível soltar esses grilhões da homossexualidade é que a situação mudou para melhor, e foi muito notável acompanhar como – sem admoestação direta do médico – cada parcela liberada da libido homossexual buscava uma aplicação na vida e uma ligação com as grandes atividades em comum da humanidade.

VII

Erotismo anal e complexo de castração

Peço ao leitor recordar-se que obtive essa história de uma neurose infantil como subproduto, por assim dizer, durante a análise de um adoecimento em idade mais madura. Tive de montá-la, portanto, a partir de fragmentos ainda menores que aqueles normalmente à disposição da síntese. Esse trabalho, que normalmente não é difícil, encontra um limite natural quando se trata de capturar uma estrutura multidimensional na superfície plana da descrição. Tenho de me contentar, assim, em apresentar componentes que o leitor possa juntar num todo vivo. A neurose obsessiva descrita surgiu, conforme foi enfatizado repetidamente, no terreno de uma constituição sádico-anal. Porém, até agora tratou-se apenas de um dos fatores capitais, o sadismo e suas transformações. Tudo o que se refere ao erotismo anal foi deixado propositalmente de lado e deve ser acrescentado aqui em conjunto.

Há muito os analistas são unânimes em afirmar que as múltiplas moções impulsionais reunidas sob a qualificação de erotismo anal têm uma importância extraordinária, que de forma alguma pode ser superestimada, para a estruturação da vida sexual e da atividade psíquica em geral. Da mesma forma, que uma das manifestações mais importantes do erotismo transformado oriundo dessa fonte se encontra no modo de lidar com o dinheiro, cuja matéria valiosa atraiu para si, no decorrer da vida, o interesse psíquico que originalmente coube às fezes, o produto da zona anal. Acostumamo-nos a atribuir o interesse pelo dinheiro, na medida em que seja de natureza libidinal e não racional, ao prazer excrementício, e a exigir da pessoa normal que mantenha completamente isenta de influências libidinais sua relação com o dinheiro, regrando-a segundo considerações reais.

Em nosso paciente, na época de seu adoecimento posterior, essa relação estava perturbada num grau especialmente sério, e essa não era a menor parte de sua falta de independência e de sua inaptidão para a vida. Por herança do pai e do tio, tornara-se muito rico, dando manifestamente muito valor ao fato de ser considerado como tal, podendo ofender-se bastante quando era subestimando nesse ponto. Mas ele não sabia quanto possuía, quanto gastava, quanto lhe restava. Era difícil dizer se deveríamos chamá-lo de avarento ou de esbanjador. Ora se comportava de um modo, ora de outro, jamais de uma maneira que pudesse indicar uma intenção coerente. Conforme alguns traços chamativos, que citarei mais adiante, era possível considerá-lo um ostentador impenitente de seu dinheiro, que vê na riqueza o maior mérito de sua pessoa e nem sequer permite que interesses emocionais sejam considerados ao lado dos monetários. Mas ele não avaliava os outros segundo sua riqueza, e, em muitas ocasiões, mostrou-se antes modesto, prestimoso e compassivo. O dinheiro simplesmente fora subtraído de sua capacidade consciente de dispor dele, significando-lhe alguma outra coisa.

Já mencionei (p. 60) ter achado muito questionável o modo como ele se consolou da perda da irmã, que nos últimos anos havia se tornado sua melhor camarada, com a reflexão de que agora não precisaria mais partilhar com

VII. Erotismo anal e complexo de castração

ela a herança dos pais. Talvez ainda mais chamativa fosse a calma com que pôde relatá-lo, como se não compreendesse a insensibilidade que assim confessava. É verdade que a análise o reabilitou ao mostrar que a dor pela irmã apenas sofrera um deslocamento, mas então se tornou realmente incompreensível que ele quisesse encontrar no enriquecimento um substituto para a irmã.

Seu comportamento num outro caso pareceu enigmático a ele próprio. Após a morte do pai, a fortuna legada foi dividida entre ele e a mãe. A mãe a administrou, vindo impecável e generosamente ao encontro das exigências financeiras dele, segundo ele próprio admitiu. Contudo, toda discussão de assuntos de dinheiro entre eles costumava terminar com violentíssimas censuras da parte dele sobre o fato de ela não amá-lo, de estar pensando em não gastar com ele e de provavelmente preferir vê-lo morto a fim de poder dispor sozinha do dinheiro. Em seguida, a mãe reiterava, aos prantos, seu desinteresse, ele se envergonhava e podia assegurar, com razão, que de modo algum pensava isso dela, mas tinha certeza de que repetiria a mesma cena na próxima oportunidade.

A partir de muitas eventualidades, das quais quero comunicar duas, conclui-se que para ele as fezes tinham um significado monetário muito tempo antes da análise. Numa época em que o intestino ainda não tomava parte em seu padecimento, ele visitou certa vez um primo pobre numa cidade grande. Ao ir embora, censurou-se por não apoiar esse parente com dinheiro, sendo acometido imediatamente depois por aquela que "talvez tenha sido a mais forte vontade de evacuar de sua vida". Dois anos depois, ele realmente concedeu uma pensão a esse primo. O outro caso:

aos dezoito anos, durante a preparação para as provas finais do ginásio, ele visitou um colega e combinou com ele o que o medo em comum de ser reprovado [*durchfallen*] no teste fez parecer aconselhável.¹ Decidiram subornar o bedel, e sua parte na soma a ser levantada era naturalmente a maior. No caminho para casa, pensou que gostaria de dar mais ainda desde que fosse aprovado, desde que nada lhe acontecesse na prova, e realmente lhe aconteceu outra desgraça ainda antes de chegar às portas de casa.²

Estamos preparados para ouvir que em seu adoecimento posterior ele padecia de distúrbios da função intestinal muito persistentes, embora variáveis de acordo com a ocasião. Ao começar seu tratamento comigo, ele tinha se acostumado a lavagens intestinais, que lhe eram feitas por um acompanhante; evacuações espontâneas não ocorriam por meses a fio se não sobreviesse uma excitação súbita oriunda de determinado lugar, em consequência da qual a atividade normal dos intestinos podia se restabelecer por alguns dias. Sua queixa principal era de que, para ele, o mundo estava envolvido num véu, ou que um véu o separava do mundo. Esse véu só se rasgava no momento em que, durante a lavagem, o conteúdo intestinal deixava seus intestinos, e então ele se sentia outra vez saudável e normal.³

---

1. O paciente informou que sua língua materna não conhece o emprego da palavra *Durchfall* [reprovação; diarreia], conhecido no alemão, para designar distúrbios intestinais.
2. Essa locução tem o mesmo sentido na língua materna do paciente e na língua alemã. [A expressão "acontecer uma desgraça" é neste caso um equivalente da nossa "fazer nas calças". (N.T.)]
3. O efeito era o mesmo, quer ordenasse que outra pessoa fizesse a lavagem ou se encarregasse dela por conta própria.

VII. Erotismo anal e complexo de castração

O colega a quem enviei o paciente para avaliação de seu estado intestinal foi sensato o bastante em declarar que esse estado era funcional ou mesmo psiquicamente condicionado, abstendo-se de recomendar uma medicação mais enérgica. De resto, nem esta nem a dieta prescrita adiantaram. Nos anos do tratamento analítico, não houve nenhuma evacuação espontânea (abstraindo-se aquelas influências súbitas). O doente se deixou convencer de que qualquer persuasão mais intensa do órgão recalcitrante ainda agravaria o estado, contentando-se em obter uma evacuação à força, uma ou duas vezes por semana, através de uma lavagem ou de um laxante.

Ao discutir os distúrbios intestinais, deixei ao estado patológico posterior do paciente um espaço maior que o planejado neste trabalho, que se ocupa de sua neurose infantil. Duas razões foram determinantes para isso; em primeiro lugar, o fato de que os sintomas intestinais na verdade continuaram, com poucas modificações, desde a neurose infantil até a neurose posterior; e segundo, o fato de que eles tiveram um papel capital na conclusão do tratamento.

Sabe-se da importância que tem a dúvida para o médico que analisa uma neurose obsessiva. Ela é a arma mais forte do doente, o expediente favorito de sua resistência. Graças a essa dúvida, nosso paciente, entrincheirado por trás de uma respeitosa indiferença, também pôde ignorar os esforços do tratamento por anos a fio. Nada mudava, e não se achava nenhuma via para convencê-lo. Por fim, reconheci a importância do distúrbio intestinal para meus propósitos; ele representava o fragmentozinho de histeria que geralmente se encontra no fundo de uma neurose obsessiva. Prometi ao paciente o completo restabelecimento de sua atividade intestinal, por meio dessa promessa tornei evidente sua descrença e tive então a satisfação de ver sua dúvida desaparecer quando o intestino, como um órgão histericamente afetado, começou a "entrar na conversa" durante o trabalho, e, no decorrer de poucas semanas, tinha reencontrado sua função normal, por tanto tempo prejudicada.

Volto agora à infância do paciente, a uma época em que era impossível que as fezes tivessem para ele significado de dinheiro.

Os distúrbios intestinais surgiram nele bastante cedo, sobretudo o mais frequente e, para a criança, o mais normal, a incontinência. Mas por certo teremos razão se recusarmos uma explicação patológica para essas ocorrências mais precoces e virmos nelas apenas uma prova da intenção de não se deixar perturbar ou impedir no prazer ligado à função excretória. Um forte gosto por piadas e exibições anais, como normalmente corresponde à grosseria natural de algumas classes sociais, conservara-se nele depois do começo do adoecimento posterior.

Na época da governanta inglesa ocorreu repetidas vezes que ele e a niânia tivessem de partilhar o quarto da mulher odiada. A niânia constatava então, com compreensão, que justo nessas noites ele tinha feito na cama, o que normalmente não acontecia mais. Ele não tinha qualquer vergonha disso; era uma expressão de teimosia frente à governanta.

Um ano mais tarde (aos quatro anos e meio), durante o período fóbico, aconteceu de ele sujar as calças durante o dia. Envergonhou-se extremamente, lamentando-se, ao ser limpo, de que "não podia mais viver assim". Algo, portanto,

VII. Erotismo anal e complexo de castração

tinha mudado nesse meio-tempo, e em cujo rastro fomos colocados ao seguir sua queixa. Descobriu-se que tinha imitado essas palavras, sobre "não poder mais viver assim", de outra pessoa. Certa vez[4], a mãe o tinha levado junto enquanto acompanhava o médico, que a tinha visitado, até a estação de trem. Durante esse percurso, ela se queixou de suas dores e sangramentos, irrompendo nas mesmas palavras: "Não posso mais viver assim", sem esperar que a criança levada pela mão as conservasse na memória. A queixa, que ele, aliás, deveria repetir inúmeras vezes em sua doença posterior, significava portanto uma... identificação com a mãe.

Um elo faltante entre os dois incidentes, com respeito ao tempo e ao conteúdo, logo surgiu em sua memória. Certa vez, no início de seu período fóbico, a mãe, preocupada, fez advertências para precaver as crianças da disenteria, que surgira nos arredores da propriedade. Ele perguntou o que era aquilo e, quando soube que a pessoa com disenteria apresenta sangue nas fezes, ficou muito receoso e afirmou que também havia sangue nas suas; tinha medo de morrer de disenteria, mas graças a um exame deixou-se convencer de que se enganara e não tinha nada a temer. Entendemos que nesse medo quis se impor a identificação com a mãe, de cujos sangramentos ele ouvira falar na conversa com o médico. Em sua tentativa posterior de identificação (aos quatro anos e meio), ele renunciou ao sangue; não compreendia mais a si mesmo, julgava envergonhar-se e não sabia que estremecia de medo de morrer, o qual, no entanto, se revelava inequivocamente em sua queixa.

---

4. Não foi determinado com maior precisão quando isso aconteceu, mas, de qualquer forma, foi antes do sonho de medo aos quatro anos, provavelmente antes da viagem dos pais.

A mãe, que padecia de uma doença ginecológica, estava na época sobremaneira receosa quanto a si mesma e aos filhos; é absolutamente provável que os temores do menino, ao lado de seus próprios motivos, se apoiassem na identificação com a mãe.

Mas o que significaria a identificação com a mãe?

Entre o uso atrevido da incontinência aos três anos e meio e o horror a ela aos quatro e meio encontra-se o sonho que deu início ao seu período fóbico, que lhe trouxe a compreensão *a posteriori* da cena[5] vivenciada com um ano e meio e o esclarecimento do papel da mulher no ato sexual. É natural também relacionar a mudança de seu comportamento quanto à defecação com essa grande reviravolta. A disenteria era para ele, evidentemente, o nome da doença de que tinha ouvido a mãe se queixar, a doença com a qual não se podia viver; ele não julgava que a mãe tivesse uma doença ginecológica, e sim uma doença intestinal. Sob a influência da cena primordial, ele passou a relacionar a doença da mãe com aquilo que o pai tinha feito a ela[6], e seu medo de ter sangue nas fezes, de estar com a mesma doença da mãe, era a rejeição da identificação com ela naquela cena sexual, a mesma rejeição com que despertara do sonho. Mas o medo também era a prova de que na elaboração posterior da cena primordial ele se colocou no lugar da mãe, invejando-lhe essa relação com o pai. O órgão em que podia se expressar a identificação com a mulher, a atitude passivamente homossexual em relação ao homem, era a zona anal. Os distúrbios na função dessa

---

5. Ver acima, p. 89-90.
6. No que provavelmente não se enganava.

VII. Erotismo anal e complexo de castração

zona tinham adquirido então o significado de moções de ternura femininas e também o conservaram durante o adoecimento posterior.

Porém, neste ponto temos de dar ouvidos a uma objeção, cuja discussão pode contribuir muito para o aclaramento desse estado de coisas aparentemente confuso. Tivemos de supor que durante o processo onírico ele compreendeu que a mulher era castrada, que ela tinha, em vez do membro masculino, uma ferida que servia à relação sexual e que a castração é a condição da feminilidade, recalcando, devido a essa perda ameaçadora, a atitude feminina em relação ao homem e despertando com medo do entusiasmo homossexual. Como se concilia essa compreensão da relação sexual, esse reconhecimento da vagina, com a escolha do intestino para a identificação com a mulher? Os sintomas intestinais não se apoiam na concepção provavelmente mais antiga, que contradiz completamente o medo da castração, de que o ânus é o lugar da relação sexual?

Essa contradição existe, sem dúvida, e as duas concepções não se conciliam de forma alguma. Cabe apenas perguntar se elas precisam se conciliar. Nossa estranheza provém de sempre estarmos inclinados a tratar os processos psíquicos inconscientes como os conscientes e a esquecer as profundas diferenças entre os dois sistemas psíquicos.

Quando a expectativa excitada do sonho de Natal lhe mostrou a imagem da relação sexual dos pais outrora observada (ou construída), certamente surgiu em primeiro lugar a velha concepção acerca dela, segundo a qual a parte do corpo da mulher que recebia o membro era a saída do intestino. E que outra coisa ele também poderia ter pensado quando, com um ano e meio, foi expectador dessa cena?[7] Mas agora vinha algo novo, ocorrido aos quatro anos. Despertaram as experiências feitas desde então, as alusões ouvidas à castração, e lançaram uma dúvida sobre a "teoria cloacal", sugerindo-lhe o conhecimento da diferença entre os sexos e do papel sexual da mulher. Nisso ele se comportou como geralmente fazem as crianças a quem se dá uma explicação indesejada – sexual ou de outro tipo. Ele recusou o novo – em nosso caso, pelos motivos do medo da castração – e se aferrou ao antigo. Decidiu-se em favor do intestino e contra a vagina, do mesmo modo, e por motivos parecidos, como mais tarde tomaria partido contra Deus em favor do pai. A nova explicação fora rejeitada, a teoria antiga fora mantida; a última podia fornecer o material para a identificação com a mulher, que mais tarde surgiu como medo de morrer devido a uma doença intestinal, e para os primeiros escrúpulos religiosos sobre se Cristo tivera um traseiro etc. O que não significa que a nova compreensão tenha permanecido sem efeito; muito pelo contrário, ela mostrou um efeito extraordinariamente forte ao tornar-se o motivo para manter todo o processo onírico sob recalcamento e excluí-lo de uma posterior elaboração consciente. Mas com isso se esgotava o efeito dessa compreensão; ela não teve qualquer influência sobre a decisão do problema sexual. Era no entanto uma contradição que a partir desse momento o medo da castração pudesse subsistir ao lado da identificação com a mulher por meio do intestino, mas era apenas uma contradição lógica, o que não quer dizer muita coisa. Todo o processo é característico do modo como

---

7. Ou enquanto não compreendia o coito dos cães.

VII. Erotismo anal e complexo de castração

trabalha o inconsciente. Um recalcamento é algo diferente de uma recusa.

Quando estudamos a gênese da fobia de lobos, acompanhamos o efeito da nova compreensão do ato sexual; agora, quando investigamos os distúrbios da atividade intestinal, encontramo-nos no solo da antiga teoria cloacal. Os dois pontos de vista permanecem separados um do outro por um estágio de recalcamento. A atitude feminina em relação ao homem, rejeitada pelo ato de recalcamento, retrai-se, por assim dizer, aos sintomas intestinais e se manifesta nas frequentes diarreias, obstipações e dores intestinais dos anos de infância. As fantasias sexuais posteriores, construídas sobre a base de um conhecimento sexual correto, podem agora se manifestar regressivamente como distúrbios intestinais. Porém, não os compreendemos até termos descoberto a mudança de significado das fezes ocorrida desde os primeiros dias da infância.[8]

Num trecho anterior, dei a entender que uma parte do conteúdo da cena primordial fora retida, a qual posso acrescentar agora. A criança por fim interrompeu a união dos pais com uma evacuação, que pôde motivar seus gritos. Para a crítica desse adendo, vale tudo aquilo que eu trouxe à discussão anteriormente com respeito ao conteúdo restante da mesma cena. O paciente aceitou esse ato final por mim construído, parecendo confirmá-lo por uma "formação passageira de sintomas". Outro adendo que propus – que o pai, insatisfeito com perturbação, tinha aliviado seu mau humor através de xingamentos – teve de ser eliminado. O material da análise não reagiu a ele.

---

8. Ver "Sobre as transformações de impulsos" etc.

O detalhe que agora acrescentei naturalmente não pode ser colocado na mesma linha do conteúdo restante da cena. Nele, não se trata de uma impressão de fora, cujo retorno cabe esperar em tantos indícios posteriores, e sim de uma reação da própria criança. Nada mudaria em toda a história se essa manifestação não tivesse ocorrido na época ou se tivesse sido introduzida retrospectivamente no desenrolar da cena. Sua compreensão, porém, não admite dúvida. Ela significa uma excitação da zona anal (no sentido mais amplo). Em outros casos de gênero semelhante, tal observação do ato sexual terminou com uma micção; um homem adulto, sob as mesmas circunstâncias, notaria uma ereção. O fato de nosso menininho ter produzido uma evacuação como sinal de sua excitação sexual deve ser julgado como uma característica de sua constituição sexual herdada. Ele adota de imediato uma atitude passiva, mostra mais tendência a uma posterior identificação com a mulher do que com o homem.

Nisso ele emprega o conteúdo intestinal, como qualquer outra criança, num de seus primeiros e mais originários significados. O excremento é o primeiro *presente*, a primeira oferenda de ternura da criança, uma parte do próprio corpo à qual se renuncia, mas somente em favor de uma pessoa amada.[9] O uso contra a governanta, por teimosia, como em

---

9. Acredito ser facilmente demonstrável que os lactentes apenas sujam com seus excrementos as pessoas que conhecem e amam; eles não concedem essa distinção a estranhos. Nos *Três ensaios sobre a teoria da sexualidade*, mencionei o primeiro de todos os usos do excremento para fins de excitação autoerótica da mucosa intestinal; junta-se agora, como avanço, que a consideração por um objeto, a quem a criança obedece ou agrada, torna-se determinante para a defecação. Essa relação prossegue, então, na medida em que também a criança mais velha apenas deixa que certas pessoas preferidas a sentem sobre o penico ou a ajudem ao urinar, no que também entram em conta outras intenções de satisfação.

VII. Erotismo anal e complexo de castração

nosso caso aos três anos e meio, é apenas a virada negativa desse significado mais antigo de presente. O *grumus merdae* [montinho de merda] que os arrombadores deixam na cena do crime parece significar as duas coisas: o escárnio e a compensação expressa regressivamente. Sempre que um estágio mais alto é alcançado, o anterior ainda pode encontrar uso no sentido negativamente degradado. O recalcamento encontra sua expressão na contraposição.[10]

Num estágio posterior do desenvolvimento sexual, o excremento assume o significado de *criança*. Afinal, a criança nasce pelo ânus, como as fezes. O significado de presente dos excrementos admite facilmente essa mudança. Na linguagem corrente, a criança é designada como um "presente"; com mais frequência, diz-se da mulher que ela "presenteou uma criança" ao marido, mas no uso do inconsciente considera-se da mesma forma, com razão, o outro lado da relação, o de que a mulher "recebeu"[11] a criança como presente do marido.

O significado de *dinheiro* dos excrementos ramifica-se em outra direção a partir do significado de presente.

A precoce lembrança encobridora de nosso doente de ter produzido um primeiro ataque de raiva por não ter ganho presentes suficientes no Natal revela agora seu sentido mais profundo. O que lhe fazia falta era a satisfação sexual, que ele tinha compreendido em termos anais. Antes do sonho, sua investigação sexual estava preparada para isso, compreendendo, durante o processo onírico, que o

---

10. Como se sabe, no inconsciente não existe "não"; os opostos coincidem. A negação só é introduzida pelo processo do recalcamento.
11. Em alemão, *empfangen*, que neste contexto também significa "conceber". (N.T.)

ato sexual resolvia o enigma da origem das criancinhas. Já antes do sonho ele não gostava de criancinhas. Certa vez, encontrou um passarinho, ainda sem penas, que caíra do ninho, tomou-o por um homenzinho e se horrorizou diante dele. A análise demonstrou que todos os pequenos animais, lagartas e insetos com os quais se enfurecia tinham para ele o significado de criancinhas.[12] Sua relação com a irmã, mais velha que ele, dera-lhe ocasião para refletir muito sobre a relação das crianças mais velhas com as mais jovens; quando a niânia lhe disse certa vez que a mãe gostava tanto dele porque era o mais novo, ele obteve um motivo palpável para desejar que nenhuma criança mais nova viesse depois dele. O medo desse mais novo, sob a influência do sonho que lhe mostrou a relação dos pais, foi então reavivado.

Às correntes sexuais que já conhecemos, devemos portanto acrescentar uma nova, que, como as outras, origina-se da cena primordial reproduzida no sonho. Na identificação com a mulher (a mãe), ele está pronto a presentear um filho ao pai, e com ciúmes da mãe, que já fez isso e talvez faça novamente.

Passando pelo caminho mais longo da origem compartilhada da significação de presente, o dinheiro pode agora atrair para si o significado de criança e, desse modo, assumir a expressão da satisfação feminina (homossexual). Esse processo se consumou em nosso paciente quando, certa vez, na época em que os dois irmãos estavam num sanatório alemão, ele viu o pai dar duas notas graúdas à irmã. Em sua fantasia, ele sempre suspeitara de algo entre o pai e a irmã; agora seu ciúme despertava e, quando estavam sozinhos,

---

12. Da mesma forma, os insetos daninhos que em sonhos e fobias com frequência ocupam o lugar das criancinhas.

VII. Erotismo anal e complexo de castração

ele se lançou sobre a irmã exigindo sua parte no dinheiro com tanto ímpeto e com tais repreensões que ela, chorando, jogou-lhe toda a quantia. Não fora só o dinheiro real que o irritara, mas muito mais a criança, a satisfação sexual anal proporcionada pelo pai. Pôde então consolar-se com esta quando – em vida do pai – a irmã tinha morrido. Seu pensamento revoltante ao receber a notícia da morte dela não significava, na verdade, senão: "Agora sou o único filho, agora o pai tem de amar só a mim". Mas o fundo homossexual dessa ponderação, plenamente apta para se tornar consciente, era tão insuportável que seu disfarce em imunda cobiça certamente foi possibilitado como um grande alívio.

As coisas foram parecidas quando, após a morte do pai, ele fez aquelas censuras injustas à mãe, de que ela queria enganá-lo nos assuntos de dinheiro, de que ela preferia o dinheiro a ele. O velho ciúme de que ela amara outro filho que não ele, a possibilidade de ter desejado ter outro filho depois dele, forçaram-no a fazer acusações cuja insustentabilidade ele próprio reconhecia.

Por meio dessa análise do significado dos excrementos, elucida-se agora para nós que os pensamentos obsessivos que tinham de relacionar Deus com as fezes significavam ainda outra coisa além da afronta pela qual ele os tomava. Eles eram, antes, genuínos resultados de compromisso, em que tomavam parte tanto uma corrente terna, afetuosa, quanto uma hostil e insultante. "Deus/merda" era provavelmente uma abreviação para uma oferta, como em nossa vida também ouvimos de forma não abreviada. "Cagar para Deus" também significa presentear-Lhe com um filho, receber Dele um filho como presente. O antigo significado de presente, negativamente degradado, e o de filho, posteriormente derivado do primeiro, estão unidos nas palavras obsessivas. Neste segundo, ganha expressão uma ternura feminina, a disposição a renunciar à masculinidade caso se seja amado como mulher. Ou seja, precisamente aquela moção em relação a Deus que, no sistema delirante do paranoico presidente da suprema corte, Schreber[13], é pronunciada com palavras inequívocas.

Quando, mais adiante, eu fizer o relato da última solução dos sintomas de meu paciente, será possível mostrar mais uma vez como o distúrbio intestinal se colocou a serviço da corrente homossexual e expressou a atitude feminina em relação ao pai. Agora, um novo significado do excremento deve nos abrir o caminho para a discussão do complexo de castração.

Ao excitar a mucosa intestinal erógena, a coluna de excrementos desempenha para esta o papel de um órgão ativo, comporta-se como o pênis em relação à mucosa vaginal e se torna, por assim dizer, a precursora dele na época da cloaca. A entrega do excremento em benefício de (por amor a) outra pessoa torna-se, por sua vez, o modelo da castração, é o primeiro caso de renúncia a uma parte do próprio corpo[14] para obter o favor de um outro que se

---

13. Freud, "Observações psicanalíticas sobre um caso de paranoia (*dementia paranoides*) descrito autobiograficamente", final da primeira parte: "Porém, tão logo – se é que posso me expressar assim – eu esteja sozinho com Deus, é para mim uma necessidade agir com todos os meios concebíveis e recorrendo a todas as forças de meu entendimento, em especial de minha imaginação, para que os raios divinos recebam de mim, com a maior continuidade possível, ou – visto que o ser humano simplesmente não pode fazê-lo – pelo menos em certos momentos do dia, a impressão de uma mulher que se delicia com sensações voluptuosas". (N.T.)

14. O excremento é plenamente tratado como tal pela criança.

VII. Erotismo anal e complexo de castração

ama. O amor normalmente narcísico pelo próprio pênis não prescinde, portanto, de uma contribuição por parte do erotismo anal. O excremento, a criança e o pênis resultam portanto numa unidade, num conceito inconsciente – *sit venia verbo* [com o perdão da palavra] –, o de algo pequeno separável do corpo. Por esses caminhos de ligação podem ocorrer deslocamentos e reforços do investimento libidinal que são importantes para a patologia e são descobertos pela análise.

Ficamos conhecendo o posicionamento inicial de nosso paciente frente ao problema da castração. Ele a recusou e conservou o ponto de vista da relação anal. Quando afirmei que a recusou, o primeiro significado dessa expressão é o de que nada quis saber dela no sentido do recalcamento. Com isso não se pronunciara propriamente qualquer veredito sobre sua existência, mas era o mesmo que se ela não existisse. Porém, essa atitude não pode ter sido a definitiva, nem sequer nos anos de sua neurose infantil. Há bons testemunhos posteriores de que ele reconheceu a castração como um fato. Neste ponto, ele também se comportou como era característico de sua natureza, o que, porém, tão extraordinariamente nos dificulta tanto a exposição como a empatia. De início ele se opôs e, em seguida, cedeu, mas uma reação não tinha suprimido a outra. No final, subsistiam nele duas correntes opostas lado a lado, uma das quais abominava a castração e a outra estava disposta a aceitá-la e a se consolar com a feminilidade como substituto. A terceira, mais antiga e mais profunda, que simplesmente recusara a castração, no que o juízo sobre sua realidade ainda não entrava em questão, certamente ainda era ativável. Em outro lugar[15], relatei uma alucinação desse mesmo paciente que data de seu quinto ano, à qual tenho de acrescentar aqui apenas um breve comentário:

"Quando tinha cinco anos, eu brincava ao lado de minha babá no jardim e fazia talhos com meu canivete na casca de uma daquelas nogueiras que também em meu sonho[16] desempenham um papel.[17] De súbito, percebi com susto indizível que tinha cortado de tal modo o mindinho da mão (direita ou esquerda?) que ele estava preso apenas pela pele. Não senti dor, mas um grande medo. Não me atrevia a dizer coisa alguma à babá, que estava a alguns passos dali, deixei-me cair no banco mais próximo e ali fiquei sentado, incapaz de lançar mais um olhar ao dedo. Por fim me acalmei, olhei para o dedo e, veja só, ele estava perfeitamente intacto."

Sabemos que aos quatro anos e meio, após ser informado da História Sagrada, começou em seu íntimo aquele intenso trabalho intelectual que desembocou na devoção obsessiva. Podemos supor, portanto, que essa alucinação recai na época em que ele se decidiu pelo reconhecimento da realidade da castração, e que ela talvez devesse marcar justamente esse passo. A pequena correção do paciente tampouco é desprovida de interesse. Se ele alucinou a

---

15. "Sobre a *fausse reconnaissance* ('*déjà raconté*') durante o trabalho psicanalítico".
16. Ver "Material de contos de fadas em sonhos".
17. Correção num relato posterior: "Acho que não fazia talhos na árvore. Isso é uma fusão com outra lembrança, que também deve ser alucinatoriamente falsificada; a lembrança de que fiz um talho com a faca numa árvore e que saiu *sangue* dela".

VII. Erotismo anal e complexo de castração

mesma vivência horripilante que Tasso relata de seu herói Tancredo em *Jerusalém libertada*[18], por certo se justifica a interpretação de que também para meu pequeno paciente a árvore significava uma mulher. Ele desempenhava, portanto, o papel do pai, e relacionou os sangramentos da mãe, de que tinha conhecimento, com a castração das mulheres, "a ferida", que reconhecia.

O estímulo para a alucinação do dedo cortado lhe foi dado, conforme relatou mais tarde, pela história de que uma parenta, que nascera com seis dedos do pé, tivera esse membro excedente cortado logo depois com um machado. As mulheres não tinham pênis, portanto, porque este lhes fora tirado no nascimento. Por essa via, ele aceitou na época da neurose obsessiva aquilo que já ficara sabendo durante o processo onírico e que, naquela ocasião, tinha rejeitado através de recalcamento. A circuncisão ritual de Cristo, como a dos judeus em geral, tampouco pôde permanecer-lhe desconhecida durante a leitura da História Sagrada e das conversas sobre ela.

Está inteiramente fora de dúvida que, por volta dessa época, o pai se transformou para ele naquela pessoa aterrorizante de quem emana a ameaça da castração. O Deus cruel com quem ele lutava na época, que deixa os seres humanos se tornarem culpados para então castigá-los, que sacrifica seu Filho e os filhos dos seres humanos, projetou

---

18. Ver *Além do princípio de prazer*, capítulo III: "Sem saber, o herói, Tancredo, matou sua amada Clorinda quando ela lutou com ele vestindo a armadura de um cavaleiro inimigo. Depois de seu enterro, ele entra na sinistra floresta mágica que intimida o exército dos cruzados. Ali ele parte em duas uma árvore alta com sua espada; o sangue jorra do corte da árvore e a voz de Clorinda, cuja alma estava presa nessa árvore, o acusa de ter novamente prejudicado sua amada". (N.T.)

seu caráter de volta ao pai, a quem, por outro lado, ele buscava defender contra esse Deus. O garoto tem um esquema filogenético a cumprir aqui e consegue fazê-lo, embora suas vivências pessoais não se harmonizem com isso. As ameaças ou insinuações de castração que experimentara tinham vindo de mulheres[19], mas isso não podia deter o resultado final por muito tempo. No fim, a pessoa de quem temeu a castração foi realmente o pai. Nesse ponto, a hereditariedade venceu a vivência acidental; na pré-história da humanidade, era certamente o pai que praticava a castração como castigo, atenuando-a em seguida à categoria de circuncisão. Quanto mais ele avançava no recalcamento da sensualidade[20] no decorrer do processo da neurose obsessiva, tanto mais natural tinha de se tornar para ele dotar o pai, o genuíno representante da atividade sensual, com tais intenções maléficas.

A identificação do pai com o castrador[21] tornou-se significativa como a fonte de uma hostilidade intensa e inconsciente contra ele, elevada até o desejo de morte, e dos sentimentos de culpa que a isso reagiam. Mas até aí ele se comportava normalmente, isto é, como todo neurótico que é possuído por um complexo de Édipo positivo. O estranho era que também quanto a isso existia nele uma

---

19. Sabemos da ameaça da niânia e ainda tomaremos conhecimento da de outra mulher.
20. Ver as provas disso na p. 117.
21. Entre os mais torturantes mas também mais grotescos sintomas de seu sofrimento posterior estava sua relação com todo e qualquer... alfaiate [*Schneider* = literalmente, "cortador"] de quem tinha encomendado uma peça de roupa, seu respeito e sua timidez frente a essa alta pessoa, suas tentativas de conquistar sua simpatia através de gorjetas exageradas e seu desespero com o resultado do trabalho, fosse qual fosse.

VII. Erotismo anal e complexo de castração

contracorrente, segundo a qual o pai era o castrado e, como tal, provocava sua compaixão.

Na análise do cerimonial respiratório à vista de aleijados, mendigos etc., pude mostrar que esse sintoma também remontava ao pai, que, como doente, lhe causara pena na visita ao sanatório. A análise permitiu acompanhar esse fio ainda mais longe no passado. Numa época muito remota, provavelmente ainda antes da sedução (três anos e três meses), havia na propriedade um diarista pobre encarregado de levar água para dentro de casa. Ele não podia falar, supostamente porque lhe cortaram a língua. Provavelmente era um surdo-mudo. O pequeno gostava muito dele e o lastimava de coração. Quando morreu, procurava-o no céu.[22] Esse foi, portanto, o primeiro aleijado de quem sentira pena; segundo o contexto e a sequência na análise, indubitavelmente um substituto do pai.

A análise relacionou a ele a lembrança de outros serviçais que foram simpáticos ao menino, dos quais este ressaltou que eram adoentados ou judeus (circuncisão!). O lacaio que ajudou a limpá-lo quando de seu acidente aos quatro anos e meio também era um judeu e tuberculoso, gozando de sua compaixão. Todas essas pessoas são da época anterior à visita ao pai no sanatório, ou seja, anterior à formação do sintoma, que, através do expirar, deveria manter à distância uma identificação com as pessoas lastimadas. Então, depois de um sonho, a análise se voltou subitamente para a pré-história, permitindo-lhe afirmar que, no coito da cena primordial, observara o desaparecimento do pênis,

---

22. Neste contexto, menciono sonhos que ocorreram depois do sonho fóbico, mas ainda na primeira propriedade, e que representavam a cena do coito como um acontecimento entre corpos celestes.

sentindo pena do pai por isso e alegrando-se com o reaparecimento do que acreditara perdido. Ou seja, uma nova moção de sentimento, que, outra vez, parte dessa cena. De resto, a origem narcísica da compaixão, em favor da qual fala a própria palavra[23], é aqui inteiramente inequívoca.

---

23. O termo alemão, *Mitleid*, é uma tradução literal do latim *compassio* (compaixão = "sofrimento em comum"), por sua vez uma tradução do grego *sympátheia* (simpatia = "participação no sofrimento de outrem"). (N.T.)

VIII

Complementos da época primordial – Solução

Em muitas análises, as coisas se passam de tal modo que, quando nos aproximamos do final, surge de súbito novo material mnêmico que até então fora mantido cuidadosamente oculto. Ou, certa vez, lança-se uma observação inconspícua, em tom indiferente, como se fosse algo supérfluo; a esta, junta-se noutra ocasião algo que já faz o médico aguçar os ouvidos e, por fim, reconhece-se naquele fragmento menosprezado de lembrança a chave para os mais importantes segredos que a neurose do doente encobria.

Bem cedo, meu paciente tinha contado uma lembrança da época em que seu mau comportamento costumava se converter em medo. Ele perseguia uma bela e grande borboleta com listras amarelas, cujas grandes asas terminavam em prolongamentos afilados – ou seja, uma rabo-de--andorinha. De súbito, quando a borboleta pousou numa flor, ele foi tomado por um medo terrível do bicho e saiu correndo, aos gritos.

Essa lembrança retornava de tempos em tempos na análise e exigia sua explicação, que por longo tempo não obteve. Cabia supor desde o início, porém, que tal detalhe não tinha conservado por si só um lugar na memória, mas que, como lembrança encobridora, representava algo mais importante, com o qual estava ligado de alguma forma. Ele disse certo dia que em sua língua a borboleta se chama *bábuchka*, "vovó"[1]; em geral, as borboletas lhe pareciam ser como mulheres e meninas, e os besouros e lagartas como meninos. Ou seja, naquela cena de medo por certo deve ter sido despertada a lembrança de um ser feminino. Não quero ocultar que naquela ocasião sugeri a possibilidade de as listras amarelas da borboleta terem feito lembrar o riscado semelhante de uma roupa usada por uma mulher. Faço isso apenas para mostrar a partir de um exemplo como a dedução do médico, via de regra, é insuficiente para resolver as questões levantadas, como se é injusto ao responsabilizar a fantasia e a sugestão do médico pelos resultados da análise.

Num contexto completamente diferente, muitos meses depois, o paciente comentou então que fora o abrir e fechar das asas quando a borboleta estava pousada que lhe dera a impressão sinistra. Teria sido como se uma mulher abrisse as pernas e elas então formassem a figura de um V romano, sabidamente a hora aproximada em que, já em seus anos de menino, mas ainda agora, seu humor começava a se ensombrecer.

Essa era uma ideia à qual eu nunca teria chegado, mas cuja avaliação saiu ganhando devido à ponderação de que o processo associativo nela revelado tinha um caráter realmente infantil. A atenção das crianças, observei muitas vezes, é muito mais atraída por movimentos que por formas em repouso, e, muitas vezes, elas produzem associações com base num movimento semelhante que são negligenciadas ou omitidas por nós, adultos.

---

1. "Borboleta" e "vovó" são praticamente homófonos em russo: бабочка (*bábotchka*) e бабушка (*bábuchka*), respectivamente. (N.T.)

VIII. Complementos da época primordial – Solução

E então o pequeno problema descansou mais uma vez por longo tempo. Quero ainda mencionar a suposição banal de que os prolongamentos afilados ou em forma de bastão presentes nas asas da borboleta poderiam ter tido um significado como símbolos genitais.

Um dia, emergiu tímida e indistintamente uma espécie de lembrança segundo a qual muito cedo, ainda antes da babá, teria havido uma criada que muito gostava do menino. Ela tinha o mesmo nome da mãe. Certamente ele retribuía sua ternura. Ou seja, um primeiro amor desaparecido. Concordamos, porém, que aí deveria ter acontecido alguma coisa que mais tarde ganhou importância.

Então, noutra ocasião, ele corrigiu sua lembrança. Ela não poderia ter tido o mesmo nome da mãe, isso era um erro dele, que naturalmente provava que ela confluíra com a mãe em sua memória. Seu nome correto também lhe ocorreu por um rodeio. De súbito, teve de pensar num armazém da primeira propriedade onde se guardavam as frutas colhidas e em certa variedade de peras de excelente gosto, peras grandes com a casca rajada de amarelo. Em sua língua, "pera" é *grucha*, e esse também era o nome da criada.

Ou seja, ficou claro que por trás da lembrança encobridora da borboleta perseguida se escondia a lembrança da criada. As listras amarelas, porém, não estavam em sua roupa, e sim na casca da pera que tinha o mesmo nome que ela. Mas de onde vinha o medo surgido na ativação da lembrança dessa criada? A mais imediata e grosseira dedução poderia ter sido a de que nessa moça ele observara pela primeira vez, quando criancinha, os movimentos das pernas que ele tinha fixado com o símbolo do V romano, movimentos que tornam os genitais acessíveis. Colocamos essa dedução de lado e esperamos por mais material.

Logo depois, veio a lembrança de uma cena, incompleta, mas, até onde se conservara, definida. Grucha estava no chão, ao lado dela uma tina e uma vassoura curta feita de varas amarradas; ele estava presente e ela caçoava dele ou o importunava.

O que aí faltava podia ser facilmente inserido a partir de outros pontos. Nos primeiros meses de tratamento, ele tinha relatado sua paixão, surgida de maneira compulsiva, por uma moça camponesa, com quem, aos dezoito anos, arranjara o motivo[2] de seu adoecimento posterior. Naquela ocasião, ele se opusera da maneira mais chamativa a comunicar o nome da moça. Era uma resistência totalmente isolada; em geral, ele obedecia sem reservas à regra analítica fundamental. Mas alegava que tinha de se envergonhar tanto de pronunciar esse nome por ser puramente campônio; uma moça mais nobre jamais o portaria. O nome, que por fim fiquei sabendo, era *Matrona*. Ele tinha uma sonoridade materna. A vergonha estava manifestamente deslocada. Ele não se envergonhava do fato em si dessas paixões terem por objeto exclusivamente moças mais humildes; apenas do nome. Se a aventura com Matrona podia ter algo em comum com a cena de Grucha, cabia realojar a vergonha nesse acontecimento anterior.

---

2. Isto é, a infecção gonorreica que desencadeou sua neurose obsessiva na idade adulta. (N.T.)

VIII. Complementos da época primordial – Solução

Outra vez, contou que ao saber da história de Jan Hus[3] fora bastante tocado por ela, e sua atenção se prendeu aos feixes de galhos que as pessoas arrastavam para sua fogueira. Mas a simpatia por Hus desperta uma suspeita bem definida; encontrei-a com frequência em pacientes jovens e sempre pude esclarecê-la da mesma maneira. Um deles produziu inclusive uma adaptação dramática dos destinos de Hus; esse paciente começou a escrever seu drama no dia que o privou do objeto de sua paixão, mantida em segredo. Hus morre na fogueira; como outros que preenchem a mesma condição, ele se torna o herói dos ex-enuréticos. Meu paciente relacionou por conta própria os feixes de galhos da fogueira de Hus com a vassoura (feixe de varas) da criada.

Esse material se combinou naturalmente para preencher a lacuna na lembrança da cena com Grucha. Ao observar a moça na limpeza do chão, ele urinara no aposento, e ela, frente a isso, pronunciara uma ameaça de castração certamente zombeteira.[4]

Não sei se os leitores já conseguem adivinhar por que comuniquei com tantos pormenores esse episódio da

---

3. Jan Hus (1369-1415): reformador tcheco, precursor do luteranismo, queimado na fogueira como herege por difundir as doutrinas do teólogo inglês John Wycliff (1320-1384), que se opunha ao papado, à venda de indulgências e à adoração de imagens. (N.T.)

4. É bastante notável que a reação de vergonha esteja tão estreitamente ligada à micção involuntária (tanto diurna como noturna) e não, como seria de se esperar, também com a incontinência fecal. A experiência não deixa persistir qualquer dúvida quanto a isso. A relação regular entre a incontinência urinária e o fogo também dá o que pensar. É possível que nessas reações e nesses nexos existam precipitados oriundos da história cultural da humanidade, que vão mais fundo do que tudo o que nos ficou conservado por suas marcas no mito e no folclore.

primeira infância.⁵ Ele estabelece uma ligação importante entre a cena primordial e a posterior compulsão amorosa que se tornou tão decisiva para seu destino, introduzindo, além disso, uma condição amorosa que esclarece essa compulsão.

Quando viu a moça no chão, ocupada em lavá-lo, de joelhos, as nádegas salientes, as costas em posição horizontal, ele reencontrou nela a posição que a mãe assumira na cena do coito. Ela se transformou, para ele, na mãe, ele foi tomado pela excitação sexual devido à ativação daquela imagem⁶ e se comportou masculinamente em relação a ela como o pai, cuja ação, afinal, ele só podia ter compreendido naquela época como uma micção. Sua micção no assoalho era na verdade uma tentativa de sedução, e a moça respondeu a ela com uma ameaça de castração, como se o tivesse compreendido.

A compulsão que partiu da cena primordial se transferiu a essa cena com Grucha e continuou agindo por meio dela. Mas a condição amorosa sofreu uma mudança que atesta a influência da segunda cena; ela se transferiu da posição da mulher à sua atividade em tal posição. Isso se tornou evidente, por exemplo, na vivência com Matrona. Ele fez um passeio pela aldeia que fazia parte da (segunda) propriedade e viu, à margem da lagoa, uma moça camponesa de joelhos, ocupada com a lavagem de roupas. Ele se apaixonou instantaneamente e com veemência irresistível pela lavadeira, embora ainda não pudesse ver seu rosto. Devido à posição e à atividade, ela tomara o lugar de Grucha. Agora

---

5. Ele ocorreu mais ou menos por volta dos dois anos e meio, entre a suposta observação do coito e a sedução.
6. Antes do sonho!

VIII. Complementos da época primordial – Solução

compreendemos como a vergonha referente ao conteúdo da cena com Grucha pôde se ligar ao nome de Matrona.

Outro ataque de paixão, alguns anos antes, mostra ainda mais nitidamente a influência coercitiva da cena de Grucha. Uma jovem camponesa, que fazia serviços na casa, caíra no seu agrado já fazia muito, mas ele tinha conseguido se dominar e não se aproximou dela. Um dia, foi tomado pela paixão quando se deparou com ela sozinha no quarto. Encontrou-a no chão, ocupada em lavá-lo, tina e vassoura a seu lado, ou seja, exatamente como a moça de sua infância.

Mesmo sua escolha definitiva de objeto, que se tornou tão significativa para sua vida, mostra-se dependente em seus detalhes, que não cabe citar aqui, da mesma condição para o amor, como um prolongamento da compulsão que, partindo da cena primordial e passando pela cena com Grucha, dominava sua escolha amorosa. Numa passagem anterior, observei que sem dúvida reconheço no paciente a tendência ao rebaixamento do objeto amoroso. Cabe explicá-la como reação à pressão da irmã, que lhe era superior. Mas, nessa ocasião, prometi mostrar que esse motivo (p. 60) de natureza soberana não foi o único a ser determinante, mas que ele oculta uma determinação mais profunda por motivos puramente eróticos. A lembrança da criada lavando o assoalho, por certo rebaixada em sua posição, trouxe à luz essa motivação. Todos os posteriores objetos de amor foram pessoas substitutivas dessa que, pelo acaso da situação, se tornara ela própria o primeiro substituto materno. A primeira ocorrência do paciente acerca do problema do medo da borboleta se revela facilmente *a posteriori* como uma alusão remota à cena primordial (a quinta hora). A relação da cena de Grucha com a ameaça de castração foi por ele confirmada mediante um sonho particularmente significativo, que ele também conseguiu traduzir por conta própria. Disse ele: "Sonhei que *um homem arranca as asas de uma espa*". "Espa?", tive de perguntar; "o que o senhor quer dizer com isso?". – "Ora, o inseto com listras amarelas no corpo, capaz de ferroar. Deve ser uma alusão à grucha, a pera com listras amarelas." – "O senhor quer dizer *vespa*", pude corrigir. – "Chama-se *vespa*? Realmente acreditei que fosse espa." (Como tantos outros, ele se servia de sua condição de falante de uma língua estrangeira para ocultar ações sintomáticas.) "Mas espa sou eu, S.P." (as iniciais de seu nome[7]). A espa, naturalmente, é uma vespa mutilada. O sonho diz claramente que ele se vinga de Grucha por sua ameaça de castração.

A ação do menino de dois anos e meio na cena com Grucha é o primeiro efeito da cena primordial de que tomamos conhecimento; ela o apresenta como cópia do pai e nos permite reconhecer uma tendência de desenvolvimento na direção que mais tarde merecerá o nome de masculina. Devido à sedução, ele é impelido a uma passividade que, no entanto, também já está preparada por seu comportamento de espectador da relação sexual dos pais.

Do histórico do tratamento, tenho ainda de ressaltar que se tinha a impressão de que com a superação da cena de Grucha, a primeira vivência que ele realmente foi capaz de recordar, fazendo-o sem minhas suposições e intervenções, estava resolvida a tarefa do tratamento. A partir de então não havia mais resistências, precisava-se apenas coletar e

---

7. Em alemão, "vespa" é *Wespe*. Decompondo-se sua variante mutilada, *Espe*, resultam *Es* e *Pe*, os nomes das letras S e P nesse idioma. (N.T.)

VIII. Complementos da época primordial – Solução

combinar. A velha teoria do trauma, que afinal fora construída sobre impressões extraídas da terapia psicanalítica, voltou de repente a ser válida. Devido a um interesse crítico, fiz novamente a tentativa de impor ao paciente uma outra concepção de sua história, que seria mais bem-vinda ao entendimento sóbrio. Não cabe duvidar da cena com Grucha, disse-lhe, mas em si mesma ela não significava nada, tendo sido reforçada posteriormente via regressão pelos eventos de sua escolha de objeto, que, devido à tendência rebaixadora, se afastou da irmã e se lançou sobre as serviçais. Mas a observação do coito, prossegui, era uma fantasia de seus anos posteriores, cujo cerne histórico poderia ter sido a observação ou quem sabe a vivência de uma inofensiva lavagem intestinal. Talvez alguns leitores acreditem que apenas com essas suposições eu teria me aproximado da compreensão do caso; o paciente me encarou sem compreender e com certo desdém quando lhe apresentei essa concepção, e jamais voltou a reagir a ela. Desenvolvi acima, de modo contextualizado, meus próprios argumentos contra tal racionalização.[8]

[Mas[9] a cena de Grucha não contém apenas as condições da escolha de objeto, decisivas para a vida do paciente, resguardando-nos assim do erro de superestimar o significado da tendência rebaixadora em relação à mulher. Ela também é capaz de me justificar quando anteriormente me recusei, sem qualquer hesitação, a defender como única solução possível a explicação da cena primordial mediante uma observação de animais realizada pouco antes do sonho

---

8. Ver capítulo V. (N.T.)
9. Os próximos cinco parágrafos são um adendo da 2ª edição, de 1922. (N.T.)

(p. 107-108). A cena de Grucha tinha surgido na memória do paciente de modo espontâneo e sem minha intervenção. O medo da borboleta listrada de amarelo, que a ela remontava, provou que ela tivera um conteúdo significativo ou que se tornara possível atribuir *a posteriori* tal significado a seu conteúdo. Esse elemento significativo, que faltava na lembrança, podia ser completado com segurança pelas ocorrências que a acompanhavam e pelas conclusões que cabia ligar a estas. Verificou-se então que o medo da borboleta era inteiramente análogo ao medo do lobo; nos dois casos, tratava-se de medo da castração, inicialmente referido à pessoa que primeiro pronunciara a ameaça de castração e, em seguida, deslocado àquela outra a quem tinha de aderir conforme o modelo filogenético. A cena com Grucha ocorrera com dois anos e meio, mas a vivência amedrontadora com a borboleta amarela, certamente depois do sonho de medo. É fácil compreender que o entendimento posterior da possibilidade da castração tinha desenvolvido o medo *a posteriori* a partir da cena com Grucha; mas essa cena mesma nada continha de escandaloso ou improvável, antes detalhes completamente banais dos quais não havia razão para duvidar. Nada exigia atribuí-la a uma fantasia da criança; isso também mal parece possível.

    Surge agora a questão: estamos autorizados a ver na micção do garoto em pé, enquanto a moça lava o chão de joelhos, uma prova de sua excitação sexual? Nesse caso, tal excitação atestaria a influência de uma impressão anterior, que poderia ser tanto a factualidade da cena primordial quanto uma observação de animais feita antes dos dois anos e meio. Ou aquela situação foi inteiramente inofensiva, a micção da criança algo puramente casual, e a cena toda foi

VIII. Complementos da época primordial – Solução

sexualizada apenas mais tarde na lembrança, depois de situações parecidas terem sido reconhecidas como significativas?

Não me atrevo a tomar uma decisão aqui. Preciso dizer que já estimo muito a psicanálise por ter chegado a tais questionamentos. Mas não posso negar que a cena com Grucha, o papel que lhe coube na análise e os efeitos na vida do paciente que dela emanaram se explicam da maneira mais natural e mais completa se admitirmos que a cena primordial, que outras vezes pode ser uma fantasia, é aqui uma realidade. Ela não afirma nada no fundo impossível; a aceitação da sua realidade também é inteiramente compatível com a influência estimulante das observações de animais, para as quais apontam os cães pastores da imagem onírica.

Dessa conclusão insatisfatória, volto-me ao tratamento da questão tentado nas *Conferências de introdução à psicanálise* [Conferência XXIII]. Pessoalmente, gostaria de saber se a cena primordial de meu paciente foi uma fantasia ou uma vivência real, mas, considerando outros casos parecidos, é preciso dizer que na verdade não é muito importante resolver isso. As cenas de observação da relação sexual dos pais, de sedução na infância e de ameaça de castração são um patrimônio herdado indubitável, são herança filogenética, mas podem ser igualmente uma aquisição da vivência pessoal. Em meu paciente, a sedução pela irmã, mais velha que ele, era uma realidade incontestável; por que a observação do coito parental também não o seria?

Vemos que a criança recorre a essa vivência filogenética apenas na pré-história da neurose, quando sua própria vivência não basta. Ela preenche as lacunas da verdade individual com a verdade pré-histórica, coloca a experiência dos antepassados no lugar da própria experiência. Concordo inteiramente com Jung (*A psicologia dos processos inconscientes*, 1917, um livro que não chegou a influenciar minhas *Conferências*) no reconhecimento dessa herança filogenética; porém, considero metodologicamente incorreto, numa explicação, recorrer à filogênese antes de esgotar as possibilidades da ontogênese; não compreendo por que se quer contestar tenazmente em relação à pré-história infantil uma significação admitida de boa vontade para a pré-história dos antepassados; não posso ignorar que os próprios motivos e as próprias produções filogenéticas carecem de explicação, que em toda uma série de casos lhes pode ser dada a partir da infância individual, e não me admiro, por fim, que a conservação das mesmas condições faça reviver organicamente no indivíduo aquilo que elas outrora criaram na pré-história e transmitiram como predisposição à reaquisição.]

No intervalo entre a cena primordial e a sedução (um ano e meio/três anos e três meses) cabe ainda inserir o carregador de água mudo, que foi para ele um substituto do pai como Grucha foi da mãe. Acredito ser injustificado falar aqui de uma tendência rebaixadora, embora ambos os pais se encontrem representados por empregados. A criança passa por cima das diferenças sociais, que ainda pouco lhe significam, e também junta aos pais pessoas mais humildes quando estas, como eles, demonstram amor por ela. Igualmente pequena é a significação dessa tendência para a substituição dos pais por animais, cujo menosprezo está muito longe da criança. Sem consideração por tal rebaixamento, tios e tias são recrutados como substitutos

VIII. Complementos da época primordial – Solução

parentais, como também é atestado em nosso paciente por várias lembranças.

Ainda pertence à mesma época uma obscura notícia de uma fase em que ele nada queria comer exceto doces, de maneira que surgiram preocupações quanto a seu desenvolvimento. Contaram-lhe sobre um tio que igualmente se recusara a comer e então, ainda jovem, morrera de fraqueza. Ele também soube que aos três meses estivera tão gravemente doente (de uma pneumonia?) que já tinham preparado sua mortalha. Incutir-lhe medo deu certo, de modo que voltou a comer; em anos posteriores da infância ele inclusive exagerou essa obrigação, como que para se proteger da morte com que fora ameaçado. O medo da morte, que daquela vez fora despertado para sua proteção, mostrou-se novamente mais tarde quando a mãe o advertiu sobre o risco de disenteria; tal medo provocou, ainda mais tarde, um ataque de neurose obsessiva (p. 118). Num trecho posterior, pretendemos fazer a tentativa de seguir as origens e os significados desse medo.

Para o distúrbio alimentar, gostaria de reivindicar o significado de um primeiríssimo adoecimento neurótico; de modo que o distúrbio alimentar, a fobia de lobos e a devoção obsessiva constituem a série completa dos adoecimentos infantis que trazem consigo a predisposição para o colapso neurótico dos anos após a puberdade. Haverá quem objete que poucas crianças escapam de distúrbios como uma falta de apetite passageira ou uma zoofobia. Mas esse argumento me é muito bem-vindo. Estou pronto a afirmar que toda neurose de um adulto se constrói sobre sua neurose infantil, mas que nem sempre esta é intensa o bastante a ponto de chamar a atenção e ser reconhecida como tal. Essa objeção apenas intensifica o significado teórico das neuroses infantis para a concepção dos adoecimentos que tratamos como sendo neuroses e que apenas queremos derivar das influências da vida posterior. Se além do distúrbio alimentar e da zoofobia o paciente não tivesse ainda sido acometido pela devoção obsessiva, sua história não se distinguiria sensivelmente da de outros seres humanos e seríamos mais pobres de materiais valiosos que podem nos resguardar de erros evidentes.

A análise seria insatisfatória se não trouxesse a compreensão daquela queixa em que o paciente resumiu seu sofrimento. De acordo com ela, o mundo estava envolvido para ele num véu, e o treinamento psicanalítico rejeita a expectativa de que essas palavras sejam desprovidas de sentido e escolhidas como que por acaso. O véu se rasgava – estranhamente – apenas numa situação, a saber, quando, devido a uma lavagem, as fezes passavam pelo ânus. Então ele voltava a se sentir bem e, por um momento bastante breve, via o mundo claramente. A interpretação desse "véu" foi tão difícil quanto no caso do medo de borboletas. Ele tampouco se ateve ao véu; este se volatizou, mais adiante, num sentimento de crepúsculo, "*ténèbres*" [trevas] e outras coisas intangíveis.

Somente pouco antes de encerrar o tratamento ele se recordou que ouvira dizer que tinha vindo ao mundo envolto numa "touca da fortuna".[10] Por isso sempre se

---

10. Tradução literal de *Glückshaube*. Refere-se às membranas que envolvem o recém-nascido, especialmente sua cabeça, em caso de não rompimento da bolsa; segundo uma antiga superstição popular, a criança nascida dessa forma era um *Glückskind* ("filho da fortuna", "felizardo", "empelicado"). (N.T.)

VIII. Complementos da época primordial – Solução

considerara um filho dileto da fortuna, a quem nada de ruim poderia acontecer. Essa confiança só o abandonou quando teve de reconhecer o adoecimento gonorreico como um dano grave a seu corpo. Devido a essa ofensa a seu narcisismo, ele teve um colapso. Diremos que assim ele repetia um mecanismo que já uma vez atuara nele. Sua fobia de lobos também irrompera quando ele foi colocado diante do fato de uma castração ser possível, e era evidente que alinhava a gonorreia na mesma série da castração.

A touca da fortuna é portanto o véu que o ocultava do mundo e ocultava o mundo dele. Sua queixa é na verdade uma fantasia de desejo realizada; mostra-o de volta ao ventre materno, consistindo certamente na fantasia desejante de fugir do mundo. Cabe traduzi-la assim: "Sou tão infeliz na vida, preciso voltar ao ventre materno".

Mas o que significará o fato desse véu simbólico, que uma vez fora real, se rasgar no momento da evacuação após o clisma, de sua doença ceder sob essa condição? O contexto nos permite responder: quando o véu do nascimento se rasga, ele vê o mundo e renasce. A evacuação é a criança sob cuja forma ele nasce uma segunda vez para uma vida mais feliz. Essa seria portanto a fantasia de renascimento, à qual Jung dirigiu recentemente a atenção e à qual concedeu uma posição tão dominante na vida desejante dos neuróticos.

Isso seria bonito se estivesse completo. Certos detalhes da situação e a consideração pelo nexo requerido com a peculiar história de vida nos obrigam a levar a interpretação mais adiante. A condição do renascimento é que um homem lhe faça um clisma (apenas mais tarde, forçado pelas circunstâncias, ele próprio substituiu esse homem). Isso só pode significar que ele se identificou com a mãe, o homem faz o papel do pai, e o clisma repete o coito, cujo fruto – o paciente mais uma vez – é a criança--excremento. A fantasia de renascimento está portanto estreitamente relacionada com a condição da satisfação sexual proporcionada pelo homem. Assim, a tradução é agora a seguinte: sua doença cede apenas quando ele pode substituir a mulher, a mãe, para se deixar satisfazer pelo pai e dar-lhe um filho. A fantasia de renascimento era portanto aqui apenas uma reprodução mutilada, censurada, da fantasia desejante homossexual.

Se olharmos mais atentamente, temos de perceber, na verdade, que nessa condição para a boa saúde o doente apenas repete a situação da chamada cena primordial: naquela ocasião, ele queria tomar o lugar da mãe; ele mesmo, como há muito tínhamos suposto, produziu naquela cena a criança-excremento. Ele ainda está fixado, como que enfeitiçado, na cena que se tornou decisiva para sua vida sexual, cujo retorno inaugurou sua doença naquela noite do sonho. O rasgar do véu é análogo ao abrir dos olhos, à abertura das janelas. A cena primordial foi reconfigurada como condição para a boa saúde.

O que é representado pela queixa e o que é representado pela exceção pode ser facilmente reunido numa unidade que então revela todo seu sentido. Ele deseja retornar ao ventre materno, não para simplesmente renascer, mas para lá ser atingido pelo pai durante o coito, para receber dele a satisfação, para dar-lhe um filho.

VIII. Complementos da época primordial – Solução

Ter nascido do pai, como ele imaginara de início, ser sexualmente satisfeito por ele, dar-lhe um filho, isto pela renúncia à própria masculinidade e sendo expresso na linguagem do erotismo anal: com esses desejos se fecha o círculo da fixação no pai, assim a homossexualidade encontrou sua expressão mais elevada e mais íntima.[11]

Acredito que a partir desse exemplo também recai uma luz sobre o sentido e a origem tanto da fantasia uterina quanto da fantasia de renascimento. A primeira se origina com frequência, tal como em nosso caso, da ligação com o pai. A pessoa deseja estar no corpo da mãe para substituí-la no coito, tomar o lugar dela junto ao pai. A fantasia de renascimento é provavelmente, via de regra, uma atenuação, um eufemismo, por assim dizer, da fantasia da relação incestuosa com a mãe, uma abreviação *anagógica* dessa fantasia, para usar a expressão de H. Silberer.[12] A pessoa deseja retornar à situação em que se achava nos genitais da mãe, no que o homem se identifica com o próprio pênis, se faz representar por ele. Então as duas fantasias se revelam como contrapartes que, conforme a postura masculina ou feminina da pessoa em questão, expressam o desejo de manter relações sexuais com o pai ou com a mãe. Cabe não rejeitar a possibilidade de que na queixa e na condição de boa saúde de nosso paciente estejam reunidas as duas fantasias, ou seja, também os dois desejos incestuosos.

---

11. O possível significado secundário de que o véu representa o hímen que se rompe na relação com o homem não se harmoniza perfeitamente com a condição para a boa saúde e não tem relação com a vida do paciente, para quem a virgindade não tinha qualquer significado.
12. Ver Silberer, 1914, parte II, capítulo 5. (N.T.)

Quero mais uma vez fazer a tentativa de reinterpretar os últimos resultados da análise segundo o modelo rival: o paciente lastima sua fuga do mundo numa típica fantasia uterina, enxerga sua saúde unicamente num renascimento compreendido de forma típica. Ele expressa este último em sintomas anais que correspondem à sua predisposição dominante. Segundo o modelo da fantasia anal de renascimento, ele criou uma cena de infância que repete seus desejos com meios expressivos arcaicamente simbólicos. Então seus sintomas se encadeiam como se partissem de tal cena primordial. Ele teve de se resolver a tomar todo esse caminho regressivo porque topou com uma tarefa na vida para cuja solução era muito preguiçoso, ou porque tinha todos os motivos para desconfiar de suas inferioridades, acreditando que com tais arranjos melhor se protegeria do desprezo.

Isso tudo seria bom e bonito apenas se o infeliz não tivesse tido, já aos quatro anos, um sonho com que começou sua neurose, que foi estimulado pela narrativa do avô sobre o alfaiate e o lobo, e cuja interpretação torna necessária a suposição de tal cena primordial. Devido a esses mesquinhos mas incontestáveis fatos, infelizmente fracassam os alívios que as teorias de Jung e Adler querem nos proporcionar. Tal como estão as coisas, a fantasia de renascimento me parece ser antes um derivado da cena primordial do que, ao contrário, a cena primordial ser um reflexo da fantasia de renascimento. Talvez também se possa supor que na ocasião, quatro anos depois de seu nascimento, o paciente era muito novo para já desejar um renascimento. No entanto, preciso retirar esse último argumento; minhas próprias observações

VIII. Complementos da época primordial – Solução

demonstram que as crianças foram subestimadas e que não se sabe mais do que se pode julgá-las capazes.[13]

---

13. Admito que essa questão é a mais espinhosa de toda a doutrina analítica. Não precisei das comunicações de Adler ou Jung para me ocupar criticamente da possibilidade de as vivências infantis esquecidas alegadas pela análise – vivenciadas numa infância improvavelmente remota! – repousarem em fantasias criadas em ocasiões posteriores, e de que cabe supor a manifestação de um fator constitucional ou de uma predisposição filogeneticamente conservada sempre que se acredita encontrar nas análises a consequência de tal impressão infantil. Pelo contrário, nenhuma dúvida me ocupou mais, nenhuma outra incerteza me impediu mais resolutamente de publicar. Fui o primeiro a apresentar tanto o papel das fantasias para a formação de sintomas como também o "fantasiar retrospectivo" rumo à infância a partir de incitações tardias e a sexualização desta *a posteriori*, coisas que não foram apontadas por nenhum de meus adversários. (Ver *A interpretação dos sonhos*, 1. ed., p. 49, e "Observações sobre um caso de neurose obsessiva".) Se, no entanto, conservei como minha a concepção mais difícil e mais improvável, tal ocorreu com argumentos como os que o caso aqui descrito, ou qualquer outra neurose infantil, impõe ao pesquisador e que agora novamente apresento ao julgamento dos leitores.
[Segundo informam os editores de Freud, a remissão à p. 49 da primeira edição de *A interpretação dos sonhos* é equivocada. É provável, afirmam, que Freud tivesse outro trecho em mente, no capítulo VI, subcapítulo A, final da seção II (L&PM Pocket 1060, p. 311), que corresponde à p. 198 da primeira edição alemã de *A interpretação*, e onde também se trata do "fantasiar retrospectivo". (N.T.)]

IX

Recapitulações e problemas

Não sei se o leitor do precedente relato de análise conseguiu fazer uma imagem clara da origem e do desenvolvimento da doença de meu paciente. Melhor dizendo, receio que isso não tenha ocorrido. Mas, por mais que eu normalmente não tenha tomado partido em favor da arte de minha exposição, desta vez eu gostaria de invocar circunstâncias atenuantes. Nunca antes se empreendeu a tarefa de introduzir na descrição fases tão remotas e camadas tão profundas da vida psíquica, e é melhor resolvê-la mal do que fugir dela, o que, além disso, implica certos riscos para o pusilânime. É preferível, portanto, mostrar de forma audaz que não nos deixamos deter pela consciência de nossas inferioridades.

O caso em si não era especialmente auspicioso. O que possibilitou a riqueza de informações sobre a infância, o fato de se poder estudar a criança por meio do adulto, teve de ser pago com as piores fragmentações da análise e as correspondentes incompletudes na exposição. As peculiaridades pessoais e um caráter nacional alheio ao nosso tornaram a empatia trabalhosa. A distância entre a personalidade amavelmente solícita do doente, sua inteligência aguçada, seu modo nobre de pensar e sua vida impulsional completamente desenfreada tornou necessário um trabalho preparatório e educativo extremamente longo que dificultou uma visão abrangente. Porém, quanto ao caráter do caso, que impôs as mais duras tarefas à descrição, o próprio paciente é inteiramente inocente. Na psicologia do adulto, conseguimos distinguir de maneira feliz os processos psíquicos em conscientes e inconscientes, descrevendo ambos com palavras claras. No caso da criança, essa distinção quase nos deixa em apuros. Com frequência ficamos embaraçados em indicar o que deveríamos designar como consciente e o que deveríamos designar como inconsciente. Processos que se tornaram dominantes e, segundo seu comportamento posterior, precisam ser equiparados aos conscientes não foram, no entanto, conscientes na criança. Pode-se entender facilmente por quê; na criança, o consciente ainda não adquiriu todas as suas características, ainda se encontra em desenvolvimento e não possui propriamente a capacidade de se transpor em representações de linguagem. A confusão, da qual costumeira e regularmente nos tornamos culpados, entre o fenômeno de surgir como percepção na consciência e o pertencimento a um sistema psíquico suposto, que de alguma maneira deveríamos denominar convencionalmente, mas que também chamamos de consciência (sistema *Cs*), essa confusão é inofensiva na descrição psicológica do adulto, mas desorientadora na da criança pequena. Mesmo a introdução do "pré-consciente" não é muito útil aqui, pois o pré-consciente da criança tampouco precisa corresponder ao do adulto. Contentamo-nos, assim, em ter reconhecido a obscuridade claramente.

  É óbvio que um caso como o aqui descrito poderia dar ensejo a colocar em discussão todos os resultados e problemas da psicanálise. Seria um trabalho interminável e injustificado. É preciso dizer a si mesmo que não se pode saber tudo a partir de um único caso, que não se pode decidir tudo com base nele, contentando-se, por isso, em aproveitá-lo para aquilo que ele demonstra mais nitidamente. Na psicanálise,

IX. Recapitulações e problemas

a tarefa explicativa é em geral estreitamente limitada. Cabe explicar as chamativas formações sintomáticas ao revelar sua gênese; os mecanismos psíquicos e os processos impulsionais aos quais se é assim levado não devem ser explicados, e sim descritos. A fim de obter novas generalidades a partir das constatações sobre estes dois últimos pontos, requerem-se numerosos casos como este, devida e profundamente analisados. Não é fácil obtê-los, cada um deles consome anos de trabalho. Assim, o progresso nesses campos só pode se realizar lentamente. Por certo é muito natural a tentação de se contentar em "arranhar" a superfície psíquica de algumas pessoas e então substituir o que foi omitido por especulações colocadas sob o patrocínio de uma corrente filosófica qualquer. Necessidades práticas também podem ser invocadas em favor desse procedimento, mas as necessidades da ciência não se deixam satisfazer por nenhum sucedâneo.

Pretendo tentar o esboço de um panorama sintético do desenvolvimento sexual de meu paciente, no que posso começar com os indícios mais precoces. A primeira coisa que dele ficamos sabendo é a perturbação do apetite, que, conforme outras experiências, mas com toda a reserva, pretendo compreender como o resultado de um acontecimento no âmbito sexual. Tive de considerar como a primeira organização sexual reconhecível a chamada *canibal* ou *oral*, em que o apoio original da excitação sexual no impulso alimentar ainda domina a cena. Não cabe esperar manifestações diretas dessa fase, mas, por certo, indícios no caso de surgirem perturbações. O prejuízo do impulso alimentar – que, naturalmente, também pode ter outras causas – nos faz então atentar para o fato de o organismo não ter dado conta de uma excitação sexual. A meta sexual dessa fase só poderia ser o canibalismo, o devorar; em nosso paciente, ela vem à luz, através da regressão a partir de um estágio mais elevado, no seguinte medo: ser devorado pelo lobo. Esse medo, tivemos de traduzi-lo assim: ser sexualmente possuído pelo pai. É sabido que em idade muito mais adiantada, em moças no período da puberdade ou logo depois, há uma neurose que expressa a rejeição sexual através de anorexia; pode-se relacioná-la com essa fase oral da vida sexual. No auge do paroxismo apaixonado ("eu poderia te devorar de amor") e na relação terna com crianças pequenas em que o adulto se comporta ele mesmo de modo infantil, ressurge a meta amorosa da organização oral. Em outra passagem, expressei a suposição de que o pai de nosso paciente tinha inclusive o hábito do "xingamento carinhoso", brincara de lobo ou cachorro com o pequeno e o ameaçara, de brincadeira, com o devoramento (p. 74). Devido a seu comportamento chamativo na transferência, o paciente apenas confirmou essa suposição. Sempre que se retirava para a transferência por causa de dificuldades no tratamento, ele ameaçava com o devoramento e, mais tarde, com todos os maus-tratos possíveis, o que não era senão expressão de ternura.

O uso da linguagem adotou permanentemente certas formulações dessa fase sexual oral; ele fala de um objeto de amor "apetitoso" e chama a amada de "doce". Recordamo-nos que nosso pequeno paciente também só queria comer doces. No sonho, doces e bombons via de regra representam carícias e satisfações sexuais.

Parece que a essa fase também corresponde um medo (em caso de distúrbio, naturalmente), que surge como medo de viver e pode aderir a tudo o que for definido como apropriado para a criança. Em nosso paciente, ele foi uti-

IX. Recapitulações e problemas

lizado para levá-lo a superar sua falta de apetite, inclusive a supercompensá-la. Seremos conduzidos à possível fonte de seu distúrbio alimentar se recordarmos – no terreno daquela muito discutida hipótese – que a observação do coito, da qual se originaram tantos efeitos *a posteriori*, remonta à idade de um ano e meio, certamente antes da época das dificuldades alimentares. Talvez devêssemos supor que ela acelerou os processos da maturação sexual e assim também desenvolveu efeitos diretos, embora não aparentes.

Naturalmente, também sei que se pode explicar os sintomas desse período, o medo do lobo e o distúrbio alimentar, de modo diferente e mais simples, sem considerar a sexualidade nem um estágio pré-genital de organização dela. Quem gosta de negligenciar os sinais do neurotismo e o contexto dos fenômenos preferirá essa outra explicação, e não o poderei impedir de fazê-lo. É difícil descobrir algo convincente sobre esses começos da vida sexual de outro modo a não ser pelos rodeios indicados.

A cena com Grucha (por volta dos dois anos e meio) nos mostra nosso pequeno no início de um desenvolvimento que merece ser reconhecido como normal, exceto talvez por sua precocidade: identificação com o pai, erotismo urinário em substituição à masculinidade. Essa cena, afinal, também se encontra completamente sob a influência da cena primordial. Até agora, compreendemos a identificação com o pai como narcísica; considerando o conteúdo da cena primordial, não podemos rejeitar que ela já corresponda ao estágio da organização genital. Os genitais masculinos começaram a desempenhar seu papel, prosseguindo-o sob a influência da sedução pela irmã.

No entanto, recebe-se a impressão de que a sedução não apenas estimula o desenvolvimento, mas o perturba e desvia num grau ainda maior. Ela fornece uma meta sexual passiva, que no fundo é incompatível com a ação dos genitais masculinos. Ao primeiro obstáculo externo, a insinuação de castração feita pela niânia, a organização genital ainda hesitante vem abaixo (com três anos e meio) e regride ao estágio precedente da organização sádico-anal, que de outro modo talvez tivesse sido percorrida com indícios tão leves como em outras crianças.

A organização sádico-anal pode ser facilmente reconhecida como um aperfeiçoamento da oral. A impetuosa atividade muscular exercida sobre o objeto, que a caracteriza, encontra seu lugar como ato preparatório para o devorar, que então é anulado como meta sexual. O ato preparatório se torna uma meta independente. A novidade frente ao estágio anterior consiste essencialmente no fato de o órgão receptivo, passivo, separado da zona oral, se formar na zona anal. São bastante óbvios, aqui, os paralelos biológicos ou a concepção das organizações pré-genitais humanas como restos de dispositivos que em algumas classes de animais se conservam permanentemente. A constituição do impulso investigativo a partir de seus componentes é igualmente característica desse estágio.

O erotismo anal não se faz notar de modo chamativo. Sob a influência do sadismo, as fezes trocaram seu significado terno pelo ofensivo. Na transformação do sadismo em masoquismo, toma parte um sentimento de culpa que aponta para processos de desenvolvimento em esferas diferentes das sexuais.

A sedução prossegue sua influência ao conservar a passividade da meta sexual. Agora ela transforma grande

IX. Recapitulações e problemas

parte do sadismo em sua contraparte passiva, o masoquismo. É questionável se devemos colocar a característica da passividade inteiramente em sua conta, pois a reação do menino de um ano e meio à observação do coito já foi predominantemente passiva. A coexcitação sexual manifestou-se numa evacuação, na qual, contudo, também cabe diferenciar uma parte ativa. Ao lado do masoquismo, que domina sua aspiração sexual e se manifesta em fantasias, também persiste o sadismo, que atua contra pequenos animais. Sua investigação sexual começou a partir da sedução, abordou essencialmente dois problemas – de onde vêm as crianças e se é possível uma perda dos genitais –, e se entretece com as manifestações de suas moções impulsionais. Ela dirige as tendências sádicas dele aos pequenos animais como representantes das crianças pequenas.

Conduzimos a descrição até as proximidades do quarto aniversário, momento em que o sonho faz a observação do coito, ocorrida na idade de um ano e meio, desencadear seu efeito *a posteriori*. Não podemos compreender inteiramente nem descrever a contento os processos que agora se passam. A ativação da imagem que, graças ao desenvolvimento intelectual avançado, pode agora ser compreendida age como um evento fresco, mas também como um novo trauma, uma intervenção alheia análoga à sedução. A organização genital interrompida é reinstaurada de um golpe, mas o progresso realizado no sonho não pode ser conservado. Pelo contrário, através de um processo que só pode ser equiparado a um recalcamento, ocorre a rejeição do novo e sua substituição por uma fobia.

Assim, a organização sádico-anal continua existindo também na fase da zoofobia que agora começa, sendo-lhe apenas acrescentados os fenômenos do medo. A criança prossegue tanto as atividades sádicas quanto as masoquistas, mas reage com medo a uma parte delas; a conversão do sadismo em seu oposto provavelmente segue avançando.

Da análise do sonho de medo, depreendemos que o recalcamento se segue ao conhecimento da castração. O novo é recusado porque sua aceitação custaria o pênis. Uma reflexão mais cuidadosa talvez permita reconhecer o seguinte: o recalcado é a atitude homossexual no sentido genital, que se formou sob a influência do conhecimento. Mas agora tal atitude se mantém para o inconsciente, constituída como uma camada isolada mais profunda. O motor desse recalcamento parece ser a masculinidade narcísica do órgão genital, que entra num conflito, preparado há muito tempo, com a passividade da meta sexual homossexual. O recalcamento é portanto uma vitória da masculinidade.

Poderíamos ser tentados, a partir disso, a modificar uma parte da teoria psicanalítica. Acreditamos ser óbvio, afinal, que o recalcamento e a formação das neuroses provêm do conflito entre aspirações masculinas e femininas, ou seja, da bissexualidade. Só que essa concepção é lacunosa. Das duas moções sexuais conflitantes, uma delas está ajustada ao eu, enquanto a outra ofende o interesse narcísico; esta sucumbe, por isso, ao recalcamento. Também nesse caso, é o eu que coloca em ação o recalcamento em favor de uma das aspirações sexuais. Em outros casos, não existe tal conflito entre masculinidade e feminilidade; existe apenas uma aspiração sexual clamando por aceitação, mas que desrespeita certos poderes do eu e por isso é repudiada. Muito mais frequentes do que os conflitos no interior da própria sexualidade são aqueles outros que ocorrem entre a sexualidade e as tendências morais do

IX. Recapitulações e problemas

eu. Não ocorre tal conflito moral em nosso caso. A ênfase na bissexualidade como motivo do recalcamento seria portanto muito estreita; a ênfase no conflito entre o eu e a aspiração sexual (libido) cobre todos os acontecimentos.

Cabe objetar à doutrina do "protesto masculino", tal como desenvolvida por Adler, que o recalcamento de forma alguma toma sempre o partido da masculinidade e afeta a feminilidade; em grandes classes inteiras de casos é a masculinidade que precisa resignar-se ao recalcamento por parte do eu.

Uma apreciação mais justa do processo de recalcamento em nosso caso negaria à masculinidade narcísica, aliás, o significado de único motivo. A atitude homossexual, que surge durante o sonho, é tão intensa que o eu do pequeno ser humano fracassa em dominá-la e se defende dela através do processo de recalcamento. Como auxiliar nessa intenção é invocada a masculinidade narcísica do órgão genital, contrária a tal atitude. Apenas para evitar mal-entendidos, seja dito que todas as moções narcísicas atuam a partir do eu e nele permanecem, e que os recalcamentos se dirigem contra investimentos libidinais de objeto.

Voltemo-nos do processo de recalcamento, em cujo domínio completo talvez não tenhamos tido êxito, ao estado que se verifica por ocasião do despertar do sonho. Tivesse realmente a masculinidade vencido a homossexualidade (feminilidade) durante o processo onírico, teríamos de encontrar agora como dominante uma aspiração sexual ativa com um caráter já pronunciadamente masculino. Isso está fora de questão; o essencial da organização sexual não se modificou, a fase sádico-anal continua existindo e se manteve dominante. A vitória da masculinidade só se mostra no fato de agora se reagir com medo às metas sexuais passivas da organização dominante (que são masoquistas, mas não femininas). Não há nenhuma moção sexual masculina vitoriosa disponível, mas apenas uma moção passiva e uma oposição a ela.

Posso imaginar as dificuldades que causa ao leitor a nítida divisão, insólita mas imprescindível, entre ativo/masculino e passivo/feminino, e por isso não quero evitar repetições. O estado depois do sonho pode portanto ser descrito assim: as aspirações sexuais foram cindidas, no inconsciente alcançou-se o estágio da organização genital e se constituiu uma homossexualidade muito intensa; acima disso, subsiste (virtualmente no consciente) a antiga corrente sexual sádica e predominantemente masoquista, o eu mudou por inteiro sua atitude para com a sexualidade, encontra-se num estado de rejeição sexual e repele as metas masoquistas dominantes com medo, tal como reagiu às metas homossexuais mais profundas com a formação de uma fobia. Assim, o resultado do sonho foi não tanto a vitória de uma corrente masculina, mas a reação a uma corrente feminina e a uma passiva. Seria forçado atribuir a essa reação o caráter de masculinidade. O eu simplesmente não tem aspirações sexuais, mas apenas o interesse em sua autopreservação e na conservação de seu narcisismo.

Consideremos agora a fobia. Ela surgiu no nível da organização genital e nos mostra o mecanismo relativamente simples de uma histeria de medo. O eu se protege através do desenvolvimento de medo daquilo que avalia como um perigo sumamente poderoso, a satisfação homossexual. Contudo, o processo de recalcamento deixa uma marca que cabe não ignorar. O objeto ao qual se ligou a meta sexual temida precisa ser representado por outro frente à consciência. Não é o medo do *pai*, e sim o medo do *lobo* que se torna consciente. As coisas também não param na formação da fobia com um só conteúdo. Um bom tempo depois, o lobo é substituído pelo leão. Com as moções sádicas contra os pequenos animais concorre uma fobia deles que é a representante dos rivais, as possíveis criancinhas. Especialmente interessante é a origem da fobia de borboletas. É como uma repetição do mecanismo que gerou a fobia de lobos no sonho. Uma incitação casual ativa uma antiga vivência, a cena com Grucha, cuja ameaça de castração passa a ter efeito *a posteriori*, enquanto que, quando ocorreu, não causara impressão.[1]

---

1. A cena de Grucha, conforme mencionado, foi uma produção mnêmica espontânea do paciente em que não participou qualquer construção ou estímulo do médico; a lacuna nela existente foi preenchida pela análise de uma maneira que tem de ser chamada de impecável, se realmente dermos valor ao modo de trabalho da análise. Uma explicação racionalista dessa fobia apenas poderia dizer: não é nada incomum que uma criança predisposta a sentir medo tenha, em dado momento, um ataque de medo frente a uma borboleta listrada de amarelo, provavelmente em decorrência de uma inclinação herdada ao medo. (Ver Stanley Hall, "Um estudo genético sintético do medo", 1914.) Não tendo conhecimento dessa causa, trate de buscar para esse medo uma ligação com a infância e utilize o acaso da homonímia e do retorno das listras para construir a fantasia de uma aventura com a babá ainda recordada. Se, no entanto, os elementos secundários do acontecimento em si inofensivo – o ato de lavar, a tina, a vassoura – mostram na vida posterior o poder de determinar duradoura e compulsivamente a escolha de objeto da pessoa, a fobia de borboletas assume um significado incompreensível. O estado de coisas se torna pelo menos tão estranho quanto aquele que sustento, e o ganho extraído da concepção racionalista dessas cenas se desvanece. Assim, a cena de Grucha se torna especialmente valiosa para nós, pois com base nela podemos preparar nosso julgamento sobre a menos assegurada cena primordial.

Pode-se dizer que o medo que entra na formação dessas fobias é o medo da castração. Essa declaração não contradiz de forma alguma a concepção de que o medo surgiu do recalcamento da libido homossexual. Nas duas formas de expressão nos referimos ao mesmo processo de que o eu retira libido da moção de desejo homossexual, libido que é transformada em medo livremente flutuante e que então se deixa ligar em fobias. Na primeira forma de expressão apenas se incluiu o motivo que impulsiona o eu.

A um olhar mais atento, descobre-se agora que esse primeiro adoecimento de nosso paciente (sem considerar o distúrbio alimentar) não se esgota pela escolha da fobia, mas tem de ser compreendido como uma histeria genuína que, ao lado dos sintomas de medo, também apresenta fenômenos de conversão. Uma parte da moção homossexual é conservada no órgão que toma parte dessa histeria; a partir de então, e também mais tarde, o intestino se comporta como um órgão histericamente afetado. A homossexualidade inconsciente, recalcada, se retirou ao intestino. Justamente esse fragmento de histeria prestou então os melhores serviços na solução do adoecimento posterior.

Agora tampouco nos deve faltar coragem para abordar as circunstâncias ainda mais complicadas da neurose obsessiva. Coloquemos a situação mais uma vez diante de nós: uma corrente sexual masoquista dominante e uma corrente homossexual recalcada, e, frente a isso, um eu enredado em rejeição histérica; que processos transformam esse estado no da neurose obsessiva?

A transformação não acontece espontaneamente por evolução interior, e sim por influência alheia de fora. Seu resultado visível é que a relação com o pai, que está em

IX. Recapitulações e problemas

primeiro plano e até então encontrara expressão na fobia de lobos, manifesta-se agora na devoção obsessiva. Não posso deixar de indicar que o processo nesse paciente fornece uma confirmação inequívoca de uma tese que apresentei em *Totem e tabu* sobre a relação do animal totêmico com a divindade.[2] Nessa obra, decidi-me pela concepção de que a ideia de deus não é um desenvolvimento do totem, mas que ela se eleva independentemente deste a partir da raiz comum de ambos para tomar seu lugar. O totem seria o primeiro substituto do pai, mas o deus seria um substituto posterior em que o pai recobra sua forma humana. É o que também encontramos em nosso paciente. Na fobia de lobos, ele percorre o estágio do substituto totêmico do pai, estágio que então se interrompe e, em decorrência de novas relações entre ele e o pai, é substituído por uma fase de devoção religiosa.

A influência que provoca essa mudança é o conhecimento, mediado pela mãe, travado com as doutrinas da religião e com a História Sagrada. O resultado será o desejado pela educação. À organização sexual sadomasoquista é dado um lento final, a fobia de lobos desaparece rápido e, no lugar da rejeição amedrontada da sexualidade, aparece uma forma superior de repressão sexual. A devoção se torna a potência dominante na vida da criança. Só que essas superações não ocorrem sem lutas, cujo sinal é o aparecimento dos pensamentos blasfemos e cuja consequência é a instauração de um exagero compulsivo do cerimonial religioso.

Se desconsiderarmos esses fenômenos patológicos, podemos dizer que nesse caso a religião obteve tudo aquilo para o que é introduzida na educação do indivíduo. Ela

---
2. *Totem e tabu*, ensaio IV.

sujeitou suas aspirações sexuais ao lhes oferecer uma sublimação e uma ancoragem firme, depreciou suas relações familiares e evitou um isolamento ameaçador ao lhe abrir a adesão à grande comunidade dos seres humanos. A criança selvagem, amedrontada, tornou-se social, bem-comportada e educável.

O motor principal da influência religiosa foi a identificação com a figura de Cristo, que lhe fora sugerida de modo especial pela casualidade de sua data de nascimento. Aqui o imenso amor pelo pai, que tornara necessário o recalcamento, encontrou finalmente uma saída numa sublimação ideal. Sendo Cristo, era permitido amar o pai, agora chamado Deus, com um fervor que no caso do pai terreno tinha procurado em vão por descarga. Os caminhos pelos quais se podia testemunhar esse amor foram indicados pela religião; a eles tampouco aderia a consciência de culpa que não se deixou separar das aspirações amorosas individuais. Se assim a corrente sexual mais profunda, já precipitada como homossexualidade inconsciente, ainda podia ser drenada, a aspiração masoquista mais superficial encontrou uma sublimação incomparável, sem muita renúncia, na Paixão de Cristo, que, por ordem e em honra do pai divino, deixou-se maltratar e sacrificar. Assim, a religião fez sua obra junto ao pequeno desgarrado por meio da mistura de satisfação, sublimação, do desvio do âmbito sensual para processos puramente espirituais e da abertura para relações sociais que oferece ao crente.

Sua oposição inicial à religião tinha três pontos de partida distintos. Em primeiro lugar, era afinal de sua índole, do que já vimos exemplos, rechaçar todas as novidades. Ele defendia toda posição libidinal uma vez ocupada, temendo

IX. Recapitulações e problemas

a perda ao abandoná-la e desconfiando da possibilidade de um substituto pleno através da posição nova a ser ocupada. Essa é uma particularidade psicológica importante e fundamental, que apresentei nos *Três ensaios sobre a teoria da sexualidade* como capacidade de *fixação*. Jung, sob o nome de "inércia" psíquica, quis fazer dela a causação principal de todos os malogros dos neuróticos. Acredito que sem razão; seu alcance é muito maior e também desempenha seu papel significativo na vida de pessoas não neuróticas. A muita ou pouca mobilidade dos investimentos energéticos libidinais, e também de outros tipos, é uma característica particular própria de muitas pessoas normais e nem sequer de todos os neuróticos, e que até agora ainda não foi relacionada com outras, algo como um número primo que não admite divisões subsequentes. Sabemos apenas que a propriedade da mobilidade dos investimentos psíquicos retrocede chamativamente com a idade. Ela nos forneceu uma das indicações dos limites da influência psicanalítica. Porém, há pessoas em quem essa plasticidade psíquica se conserva muito além do limite de idade usual, e outras em quem ela se perde bastante precocemente. Caso sejam neuróticos, descobrimos com mal-estar que, sob circunstâncias aparentemente iguais, não é possível anular neles modificações que em outras pessoas conseguiríamos com facilidade. Assim, também nas transformações dos processos psíquicos cabe considerar o conceito de uma *entropia*, cuja medida se opõe a uma involução do acontecido.

Um segundo ponto de ataque lhe foi oferecido pelo fato de a própria doutrina religiosa não ter uma relação unívoca com Deus-Pai em sua base, mas ser impregnada pelos indícios da atitude ambivalente que dominou sua origem. Ele percebeu essa ambivalência com a sua própria, altamente desenvolvida, e a ela ligou aquela crítica perspicaz que, numa criança com cinco anos de idade, tanto nos causou admiração. Mas o mais significativo era certamente um terceiro fator, a cujo efeito podemos atribuir os resultados patológicos de sua luta contra a religião. A corrente que impelia rumo ao homem, que deveria ser sublimada pela religião, não estava mais livre, mas em parte segregada pelo recalcamento e assim privada da sublimação e ligada à sua meta sexual original. Por força desse nexo, a parte recalcada aspirava abrir caminho até a parte sublimada, ou puxá-la para baixo junto a si. As primeiras ruminações que envolviam a pessoa de Cristo já continham a questão sobre se esse filho sublime também poderia satisfazer a relação sexual com o pai conservada no inconsciente. As rejeições a esse empenho não tiveram outro resultado senão fazer surgir pensamentos obsessivos aparentemente blasfemos nos quais se impôs a ternura física por Deus sob a forma de Seu rebaixamento. Uma violenta luta defensiva contra essas formações de compromisso teve de levar então ao exagero compulsivo de todas as atividades em que a devoção, o puro amor a Deus, encontrou sua saída previamente traçada. Por fim a religião tinha vencido, mas sua fundamentação impulsional se mostrou incomparavelmente mais forte que a garantia por seus produtos sublimatórios. Assim que a vida trouxe um novo substituto do pai, cuja influência se dirigia contra a religião, esta foi abandonada e substituída por outra coisa. Recordemos ainda a interessante complicação de que a devoção surgiu sob a influência de mulheres (a mãe e a babá), enquanto a influência masculina possibilitou a libertação dela.

IX. Recapitulações e problemas

A origem da neurose obsessiva no solo da organização sexual sádico-anal confirma em seu todo o que expus em outro lugar "sobre a predisposição à neurose obsessiva" (1913 *i*). Mas a existência prévia de uma forte histeria torna nosso caso mais opaco nesse aspecto. Quero terminar o panorama do desenvolvimento sexual de nosso doente ao lançar um breve raio de luz sobre suas mudanças posteriores. Com os anos de puberdade, surgiu nele a corrente masculina, fortemente sensual, que cabe chamar de normal, dotada da meta sexual da organização genital, cujos destinos preenchem o tempo até seu adoecimento posterior. Essa corrente se ligava diretamente à cena de Grucha, tomou dela a característica da paixão compulsiva, que vem e desaparece em surtos, e teve de lutar com as inibições que emanavam dos restos das neuroses infantis. Com uma violenta irrupção rumo à mulher, ele por fim obteve, com luta, a plena masculinidade; esse objeto sexual foi conservado a partir de então, mas ele não ficou satisfeito com a posse deste, pois uma forte inclinação ao homem, agora inteiramente inconsciente, que reunia todas as forças das fases anteriores, o afastava repetidamente do objeto feminino e o forçava, nos entretempos, a exagerar a dependência em relação à mulher. No tratamento, apresentou a queixa de que não podia suportar a companhia de uma mulher, e todo o trabalho se dirigiu à revelação de sua relação com o homem, que lhe era inconsciente. Sua infância, para resumi-lo numa fórmula, fora caracterizada pela oscilação entre atividade e passividade; seu período de puberdade, por uma luta pela masculinidade, e o período a partir de seu adoecimento, por uma luta pelo objeto da aspiração masculina. O motivo de seu adoecimento não está entre os "tipos neuróticos de adoecimento" que pude reunir como casos especiais da "frustração"³, chamando assim a atenção para uma lacuna na formação dessa série. Ele sofreu um colapso quando uma afecção orgânica dos genitais fez reviver seu medo da castração, prejudicou seu narcisismo e o obrigou a renunciar à expectativa de ser pessoalmente favorecido pelo destino. Adoeceu, portanto, de uma "frustração" narcísica. Essa força extremada de seu narcisismo estava em plena harmonia com os outros indícios de um desenvolvimento sexual inibido, a saber, o fato de sua escolha amorosa heterossexual, apesar de toda a energia, concentrar em si tão poucas aspirações psíquicas, e o fato de a atitude homossexual, em tantos aspectos mais próxima do narcisismo, ter se afirmado nele como potência inconsciente com tal tenacidade. No caso de tais perturbações, o tratamento psicanalítico naturalmente não pode levar a uma reviravolta instantânea e a uma equiparação com um desenvolvimento normal, mas apenas remover os obstáculos e tornar transitáveis os caminhos para que as influências da vida possam levar a cabo o desenvolvimento rumo a direções melhores.

Como peculiaridades de sua natureza psíquica que foram descobertas pelo tratamento psicanalítico, mas não receberam maior esclarecimento e, em consequência disso, também não puderam ser influenciadas diretamente, listo as seguintes: a já discutida tenacidade da fixação, o extraordinário desenvolvimento da inclinação à ambivalência e, como terceiro traço de uma constituição que cabe chamar de arcaica, a capacidade de conservar, todos justapostos e funcionais, os mais variados e mais contraditórios investimentos libidinais. O constante oscilar entre eles, devido ao

---

3. "Sobre os tipos neuróticos de adoecimento" (1912 c).

IX. Recapitulações e problemas

qual a solução e o avanço pareciam fora de questão por longo tempo, dominou o quadro clínico do período posterior, que, afinal, só pude aqui tangenciar. Sem dúvida esse era um traço da caracterização do inconsciente que continuou agindo no paciente nos processos que se tornaram conscientes; mas esse traço só se mostrava nos resultados das moções afetivas; nos âmbitos puramente lógicos, ao contrário, ele mostrava uma habilidade especial para rastrear contradições e incompatibilidades. Assim, recebia-se de sua vida psíquica uma impressão como a que causa a religião do antigo Egito, que se torna tão inconcebível para nós porque conserva os estágios de desenvolvimento ao lado dos produtos finais, dá continuidade aos deuses e significados de deus mais antigos tal como aos mais novos, espalhando numa superfície o que em outros desenvolvimentos se torna uma estrutura dotada de profundidade.

Agora cheguei ao fim do que pretendia comunicar sobre esse caso de doença. Apenas mais dois dos inúmeros problemas que ele suscita me parecem dignos de uma ênfase especial. O primeiro se refere aos esquemas filogeneticamente herdados, que, como "categorias" filosóficas, se encarregam de acomodar as impressões da vida. Gostaria de defender a concepção de que eles são precipitados da história cultural humana. O complexo de Édipo, que abrange a relação da criança com os pais, faz parte deles; é, antes, o exemplo mais bem conhecido desse tipo. Quando as vivências não se submetem ao esquema hereditário, ocorre uma reelaboração delas na fantasia, cuja obra, se acompanhada em detalhe, certamente seria proveitosa. Justamente esses casos são apropriados para nos demonstrar a existência independente do esquema. Podemos observar com frequência que o esquema triunfa sobre o vivenciar individual, assim como em nosso caso o pai se transforma em castrador e ameaçador da sexualidade infantil, apesar de existir um complexo de Édipo invertido sob outros aspectos. Um segundo efeito ocorre quando a ama de leite toma o lugar da mãe ou se funde com ela. As contradições entre o vivenciar e o esquema parecem trazer um rico material para os conflitos infantis.

O segundo problema não está longe desse, mas é incomparavelmente mais importante. Quando se considera o comportamento da criança de quatro anos frente à cena primordial reativada[4], e até quando se pensa apenas nas reações muito mais simples da criança de um ano e meio ao vivenciar essa cena, é difícil rejeitar a concepção de que uma espécie de saber difícil de definir, algo como uma preparação ao entendimento, tome parte nisso na criança.[5] No que possa consistir, é algo que se esquiva a qualquer ideia; temos à disposição apenas a notável analogia com o amplo saber *instintivo* dos animais.

Caso também exista tal patrimônio instintivo no homem, não seria de admirar se afetasse de modo bem particular os processos da vida sexual, embora de forma alguma possa restringir-se a eles. Esse quê instintivo seria o cerne do inconsciente, uma atividade intelectual primitiva que, mais tarde, é destronada e recoberta pela razão humana a ser

---

4. Posso desconsiderar que esse comportamento pôde ser expresso em palavras somente dois decênios mais tarde, pois afinal todos os efeitos que derivamos da cena já tinham se manifestado na infância e muito antes da análise sob a forma de sintomas, compulsões etc. Nisso, é indiferente que seja aceita como cena primordial ou como fantasia primordial.

5. Tenho de ressaltar mais uma vez que essas reflexões seriam ociosas se o sonho e a neurose não pertencessem ao próprio período da infância.

IX. Recapitulações e problemas

adquirida, mas que com tanta frequência, talvez em todas as pessoas, conserva a força de puxar para baixo, junto a si, processos psíquicos mais elevados. O recalcamento seria o retorno a esse estágio instintivo, e assim, com sua propensão à neurose, o homem pagaria por sua grande nova aquisição e, pela possibilidade das neuroses, atestaria a existência do estágio instintivo prévio. Porém, o significado dos traumas infantis precoces estaria no fato de abastecerem esse inconsciente com um material que o protege de ser consumido pelo desenvolvimento que se segue.

Sei que pensamentos semelhantes, que acentuam na vida psíquica o fator hereditário, filogeneticamente adquirido, foram expressos por diferentes autores; penso até que se estava bastante disposto a lhes conceder um lugar na apreciação psicanalítica. Eles só me parecem admissíveis quando a psicanálise, observando a correta sequência de instâncias, encontra as marcas do que é herdado depois de atravessar a estratificação do que é adquirido individualmente.[6]

---

6. Listo aqui mais uma vez a cronologia dos acontecimentos mencionados nesta história:
Nascido no dia de Natal.
Um ano e meio: malária. Observação do coito dos pais ou daquela convivência entre eles na qual mais tarde introduziu a fantasia do coito.
Pouco antes de dois anos e meio: cena com Grucha.
Dois anos e meio: lembrança encobridora dos pais partindo em viagem com a irmã. Ela o mostra sozinho com a niânia e assim desmente Grucha e a irmã.
Antes de três anos e três meses: queixa da mãe ao médico.
Três anos e três meses: começo da sedução pela irmã; logo depois, ameaça de castração pela niânia.
Três anos e meio: a governanta inglesa, início da mudança de caráter.
Quatro anos: sonho com os lobos, surgimento da fobia. (continua)

(cont.) Quatro anos e meio: influência da história bíblica. Aparecimento dos sintomas obsessivos.
Pouco antes dos cinco anos: alucinação da perda do dedo.
Cinco anos: a família deixa a primeira propriedade.
Após seis anos: visita ao pai doente.
Oito e dez anos: últimas irrupções da neurose obsessiva.
Minha exposição tornou fácil adivinhar que o paciente era russo. Dei--lhe alta, curado segundo minha avaliação, poucas semanas antes da inesperada eclosão da [Primeira] Guerra Mundial, e só o vi novamente quando as vicissitudes da guerra tinham aberto às potências centrais o acesso para o sul da Rússia. Então ele veio à Viena e fez o relato de um empenho, surgido imediatamente após o término do tratamento, por se livrar da influência do médico. Uma parte ainda não superada da transferência foi então levada a cabo em alguns meses de trabalho; desde então, o paciente, a quem a guerra tinha privado de pátria, de posses e de todas as relações familiares, sentiu-se normal e comportou-se de maneira impecável. Talvez precisamente sua desgraça, pela satisfação de seu sentimento de culpa, tenha contribuído para consolidar seu restabelecimento.

Bibliografia[1]

Adler, A. "Der psychische Hermaphroditismus im Leben und in der Neurose" ["O hermafroditismo psíquico na vida e na neurose"]. *Fortschr. Med.*, vol. 28, p. 486, 1910. (173)

Ferenczi, S. "Über passagère Symptombildungen während der Analyse" ["Sobre as formações sintomáticas passageiras durante a análise"]. *Zentbl. Psychoanal.*, vol. 2, p. 588, 1912. (83)

Freud, S. *Die Traumdeutung* [*A interpretação dos sonhos*]. *Gesammelte Werke*, vols. 2-3; *Studienausgabe*, vol. 2, 1900 *a*. (10, 12, 17, 64, 98, 163)

_____. *Drei Abhandlungen zur Sexualtheorie* [*Três ensaios sobre a teoria da sexualidade*]. *GW*, vol. 5, p. 29; *SA*, vol. 5, p. 37, 1905 *d*. (134, 179)

_____. "Bemerkungen über einen Fall von Zwangsneurose" ["Observações sobre um caso de neurose obsessiva"]. *GW*, vol. 7, p. 381; *SA*, vol. 7, p. 31, 1909 *d*. (163)

_____. "Psychoanalytische Bemerkungen über einen autobiographisch beschriebenen Fall von Paranoia (Dementia paranoides)" ["Observações psicanalíticas sobre um caso de paranoia (*dementia paranoides*) descrito autobiograficamente"]. *GW*, vol. 8, p. 240; *SA*, vol. 7, p. 133, 1911 *c*. (138)

---

1. Os números entre parênteses ao final de cada entrada indicam a(s) página(s) em que a obra é mencionada neste livro. As obras de Freud estão ordenadas cronologicamente. (N.T.)

_____. "Über neurotische Erkrankungstypen" ["Sobre os tipos neuróticos de adoecimento"]. *GW*, vol. 8, p. 322; *SA*, vol. 6, p. 215, 1912 *c.* (182)

_____. *Totem und Tabu* [*Totem e tabu*]. *GW*, vol. 9; *SA*, vol. 9, p. 287, 1912-1913. (12, 106, 177)

_____. "Märchenstoffe in Träumen" ["Material de contos de fadas em sonhos"]. *GW*, vol. 10, p. 2, 1913 *d.* (69, 140)

_____. "Die Disposition zur Zwangsneurose" ["A predisposição à neurose obsessiva"]. *GW*, vol. 8, p. 442; *SA*, vol. 7, p. 105, 1913 *i.* (181)

_____. "Über *fausse reconnaissance* ('*déjà raconté*') während der psychoanalytischen Arbeit" ["Sobre a *fausse reconnaissance* ('*déjà raconté*') durante o trabalho psicanalítico"]. *GW*, vol. 10, p. 116; *SA, Ergänzungsband*, p. 231, 1914 *a.* (140)

_____. "Zur Geschichte der psychoanalytischen Bewegung" ["Sobre a história do movimento psicanalítico"]. *GW*, vol. 10, p. 43, 1914 *d.* (39)

_____. *Vorlesungen zur Einführung in die Psychoanalyse* [*Conferências de introdução à psicanálise*]. *GW*, vol. 11; *SA*, vol. 1, 1916-1917. (39, 104, 108, 155, 156)

_____. "Über Triebumsetzungen insbesondere der Analerotik" ["Sobre as transformações de impulsos, especialmente do erotismo anal"]. *GW*, vol. 10, p. 402; *SA*, vol. 7, p. 123, 1917 *c.* (133)

_____. *Jenseits des Lustprinzips* [*Além do princípio de prazer*]. *GW*, vol. 13, p. 3; *SA*, vol. 3, p. 213, 1920 *g.* (13, 14, 141)

HALL, G.S. "A Synthetic Genetic Study of Fear" ["Um estudo genético sintético do medo"]. *Am. J. Psychol.*, vol. 25, p. 149, 1914. (175)

JUNG, C.G. *Die Psychologie der unbewussten Prozesse* [*A psicologia dos processos inconscientes*]. Zürich, 1917. (156)

RANK, O. "Völkerpsychologische Parallelen zu den infantilen Sexualtheorien" ["Paralelos etnopsicológicos com as teorias sexuais infantis"]. *Zentbl. Psychoanal.*, vol. 2, p. 372 e 425, 1912. (74)

SILBERER, H. *Probleme der Mystik und ihre Symbolik* [*Problemas do misticismo e de seu simbolismo*]. Wien und Lepzig, 1914. (161)

Colaboradores desta edição

RENATO ZWICK é bacharel em filosofia pela Unijuí e mestre em letras (língua e literatura alemã) pela USP. É tradutor de Nietzsche (*O anticristo*, L&PM, 2008; *Crepúsculo dos ídolos*, L&PM, 2009; e *Além do bem e do mal*, L&PM, 2008), de Rilke (*Os cadernos de Malte Laurids Brigge*, L&PM, 2009), de Freud (*O futuro de uma ilusão*, 2010; *O mal-estar na cultura*, 2010; *A interpretação dos sonhos*, 2012; *Totem e tabu*, 2013; *Psicologia das massas e análise do eu*, 2013; *Compêndio de psicanálise*, 2014, todos publicados pela L&PM Editores) e de Karl Kraus (*Aforismos*, Arquipélago, 2010), e cotradutor de Thomas Mann (*Ouvintes alemães!: discursos contra Hitler (1940-1945)*, Jorge Zahar, 2009).

NOEMI MORITZ KON é psicanalista, membro do Departamento de Psicanálise do Instituto Sedes Sapientiae, mestre e doutora em psicologia social pelo Instituto de Psicologia da USP e autora de *Freud e seu duplo: reflexões entre psicanálise e arte* (Edusp/Fapesp, 1996/2015), *A viagem: da literatura à psicanálise* (Companhia das Letras, 2003), organizadora de *125 contos de Guy de Maupassant* (Companhia das Letras, 2009) e coorganizadora de *O racismo e o negro no Brasil: questões para a psicanálise* (Perspectiva, 2017).

EDSON SOUSA é psicanalista, membro da Associação Psicanalítica de Porto Alegre. É formado em psicologia pela PUC-RS, com mestrado e doutorado pela Universidade de Paris VII, e pós-doutorado pela Universidade de Paris VII e pela École des Hautes Études en Sciences Sociales de Paris. Pesquisador do CNPq, leciona como professor titular do Departamento de Psicanálise e Psicopatologia e no Pós--graduação em Psicanálise: Clínica e Cultura da UFRGS, onde também coordena, com Maria Cristina Poli, o Laboratório de Pesquisa em Psicanálise, Arte e Política. É autor de *Freud* (Abril, 2005), *Uma invenção da utopia* (Lumme, 2007) e *Sigmund Freud* (com Paulo Endo; L&PM, 2009), além de organizador de *Psicanálise e colonização* (Artes e Ofícios, 1999) e *A invenção da vida* (com Elida Tessler e Abrão Slavutzky; Artes e Ofícios, 2001).

PAULO ENDO é psicanalista e professor do Instituto de Psicologia da USP, com mestrado pela PUC-SP, doutorado pela USP e pós-doutorado pelo Centro Brasileiro de Análise e Planejamento/CAPES. É pesquisador-colaborador do Laboratório de Pesquisa em Psicanálise, Arte e Política da UFRGS e do Laboratório Interdisciplinar de Pesquisa e Intervenção Social da PUC-Rio. É autor de *A violência no coração da cidade* (Escuta/Fapesp, 2005; prêmio Jabuti 2006) e *Sigmund Freud* (com Edson Sousa; L&PM, 2009), e organizador de *Novas contribuições metapsicológicas à clínica psicanalítica* (Cabral Editora, 2003).

lepmeditores
www.lpm.com.br
o site que conta tudo

Impresso na Gráfica Imprensa da Fé
São Paulo, SP, Brasil
2018